TANG TIANSI
FANGTANLU

东吴名家·名医系列

唐天驷访谈录

陈一 著

东吴名家·名医系列

主　编　田晓明

副主编　马中红　陈　霖

丛书编委会（按姓氏笔画排序）

主　任　侯建全

副主任　田晓明　陈　赞　陈卫昌

委　员　丁春忠　马中红　王海英　方　琪　刘济生
　　　　时玉舫　张婷婷　陆道平　陈　亮　陈　罡
　　　　陈　霖　陈兴昌　范　嵘　周　刚　贲能富
　　　　徐维英　黄玉华　黄恺文　盛惠良　缪丽燕

学术支持
苏州大学东吴智库
苏州科技大学城市发展智库
苏州大学新媒介与青年文化研究中心

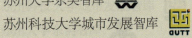

总序

留点念想

田晓明

在以"科学主义"为主要特征且势不可挡的"现代性"推进下,人类灵魂的宁静家园渐渐被时尚、功利和浮躁无情地取代了,其固有的韧性和厚度正日益剥落而变得娇弱浅薄,人们的归属感与幸福感也正逐步消失。在当今中国以"改善社会风气、提高公民素质、实现民族复兴"为主旋律的伟大征程中,"文化研究""文化建设""提升软实力"等极其自然地成为全社会关注的热门话题。作为一名学者,自然不应囿于自己的书斋、沉湎于个人的学术兴趣,而应该为这一伟大的时代做点什么;作为一名现代大学管理者,则更应当拥有这样的使命意识与历史担当。

一

任何"以问题为导向"的研究总是不乏高度的历史价值、使命意识和时代意义,文化研究也不例外。应该说,我对文化问题的关注和兴趣缘起于自身经历的感悟和对本职工作的思考。近年来,我曾在日本、法国、德国、美国等发达国家进行学术交流或工作访问。尽管这些国家彼此之间存在着很大的文化差异,但其优良的国民总体素质给我留下了深刻的印象。2013年5月,我应邀赴台湾地区参加了"2013高等教育国际高阶论坛",这也是我首次台湾之行。尽管此行只有短短一周,但祖国宝岛给我留下了深刻印象:在日常交往中,我不仅深切感受到中华民族的优秀传统在台湾地区被近乎完整地"保留"下来,而且从错落有致甚至有些凌乱的古老街景中"看到"了隐含于其背后的一种持守和一份尊重……于是,我又想起了大陆在中华人民共和国成立之后,人们在剔除封建糟粕的同时,几乎"冷落"甚至放弃了很多优秀的文化传统;在全面汲取苏联"洋经"的同时,也一定程度上失去了我们的文化自主性。"文革"期间,许多优秀传统文化遭受的破坏自不必多言。改革开放以来，随着国门的"打开"，中华大地在演绎经济发展奇迹的同时，中华民族的一些优秀传统却没有得到同步保留或弘扬，极个别的优秀传统甚至还出现了一些沦丧的现象。这便是海外之行和台湾地区之行给我留下的文化反思与心灵震撼！

带着这份反思和震撼，平日里喜欢琢磨的我便开始关注起"文化"及"文化研究"等问题了。从概念看，"文化"似乎是一个人人自明却又难以精准定义的名词。在纷繁的相关阐述中，不乏高屋建瓴的宏观描述，也有细致入微的小处说法。可谓仁者见仁，智者见智。文化概念的复杂性也赋予了文化研究所具有的内容丰富性、方法多样性和评价复杂性等特征。黑格尔曾做过这样的比喻：文化好似洋葱头，皮就是肉，肉就是皮，如果将皮一层层剥掉，也就没有了肉。作为"人的生活样式"（梁漱溟语），文化总是有很多显形的"体"，每一种"体"的形式下都负载着隐形的"魂"。我们观察和理解文化，不仅要见其有形之体，更要识其无形之魂。体载魂、魂附体，"魂体统一"便构成了生机勃勃的文化体系。古往今来，世界上各地区、各民族乃至各行各业都形成了自己的文化体系，每一文化体系都是它自己的"魂体统一"。遗憾的是，尽管人们在思想观念上越来越意识到文化的重要性，但在日常生活和社会实践中，"文化"概念被泛化或滥用了，正如人们常说的那样：文化是个筐，什么都能装。

从文化研究现状来看，我认为存在两个方面的问题：一是文化研究面临着"科学主义""工具理性"的挑战和挤压；二是文化研究多是空洞乏力的理论分析、概念思辨，而缺少务实、可行的实践探索。一方面，在"科学主义"泛滥、"工具理性"盛行的当今时代，被称为"硬科学"的科学技术已独占人类文化之鳌头，越来越受到人们的顶礼膜拜。相比之下，人文社会科学在人类文化中应有的地位正逐步或已经被边缘化了，其固有的功能正日益被消解或弱化。曾经拥有崇高地位的人文社会科学已风光不再，在喧嚣和浮躁之中，不可避免地陷入了"软"科学的无奈与尴尬。即便是充满理性色彩、拥有批判精神的大学已经意识到并开始重视人文社会科学的教育功能与文化功能，但在严酷的现实语境中，也不得不"违心"地按照所谓客观的、理性的科学技术范式来实施人文社会科学教育管理和研究评价。另一方面，由于文化研究成果多以"概念思辨""理论分析"等形式表达，缺少与现实的联系和对实践的指导，难免给人以"声嘶力竭"或"无病呻吟"之感受。从一定意义上讲，这种苍白、乏力的研究现状加剧了人们视文化为"软"科学的看法。这无疑造成了文化研究和文化建设的困境与尴尬。

从未"离开"过校门的我，此时自然更加关注身陷这一"困境"和"尴尬"旋涡中的大学。大学，不仅是传授知识、探索新知的重要场所，也是人类文化传承与发展的主要阵地。她不仅运用包括人文艺术、社会科学、自然科学等在内的人类文化知识进行有目的、有计划、有步骤的高级人才培养，而且还直接担当着发展、创造与创新人类文化的历史责任。学界一般认为，大学具有人才培养、科学研究和社会服务三大功能。应该说，这样的概括基本涵盖了大学教育的主要任务。但从学理上看似乎还有值得商榷的地方。一方面，从逻辑上看，这三项功能似乎不是同一层次的、并列的要素。因为无论是培养高素质人才，还是产出高质量科研成果，都是大学服务社会的主要方式或手段。如果将社会服务作为单一的大学功能，那么是否隐含着人才培养和科学研究就没有服务社会的导向呢？另一方面，从内涵上看，这三项功能的概括本身就具有"工具化""表面化"的特征，并没有概括大学功能的深层的、本质的内涵。那么，有人会问，大学的本质到底是什么呢？我认为，在归根结底的意义上，大学的本质就在于"文化"——在于文化的传承、文化的启蒙、文化的自觉、文化的自信、文化的创新。因为脱离了文化传承、文化启蒙、文化创新等大学的本质性功能，人才培养、科学研究和社会服务都会成为无源之水、无本之木，而大学的运行就容易被视作简单传递知识和技能的工具化活动。从这一意义上说，大学文化建设在民族文化乃至人类文化传承、创新中拥有不可替代的重要地位甚至主要地位。换言之，传承、创新人类文化应该是大学的历史使命与责任担当。

如果说，大学的本质在于文化传承、文化启蒙、文化自觉、文化自信和文化创新，那么，大学管理者的主要职责之一便是对文化的"抢救""保护""挖掘"。这是现代大学校长应具有的文化忧患意识和责任感。言及大学文化，现实中的人们总是习惯地联想起"校园文化"，显然这是对大学本质的误解甚至曲解。一直以来，我坚持主张加强"文化校园"建设。"校园文化"与"文化校园"，不是简单的文字变换游戏，个中其实蕴含着本质的差异。面对"文化"这一容易接受却又难以理解的概念，人们总是无法清晰明快地表达"文化是什么"，有人曾经做过比较详细的统计，有关文化的定义多达两百多种。既然人们很难定义"文化"的概念，或者说很难回答"文化是什么"，我们不妨转换一下视角，抑或可以相对轻松地回答"什么是文化""什么是没有文化""什么是文化缺失"等问题。我所理解的大学文化,在于她的课上和课下,在于她的历史与现实,在于她的一楼一宇、一草一木、一砖一瓦、一人一事……她可能是大学制度文化的表达,可能是大学精神文化的彰显,也可能是大学物质文化的呈现。具体而言,校徽、校旗、校训等标识的设计与使用是文化校园建设的体现,而创建大学博物馆、书画院、名人雕塑等,则无疑是大学文化名片的塑造。我曾发起和主持大学博物馆(即苏州大学博物馆)的筹建工作,这一"痛并快乐"的工作,让我感慨万千。面对这一靓丽的大学文化名片,我似乎应该感到一种欣慰、自豪和骄傲。然而,在经历这一"痛并快乐"的过程之后,我却拥有了另一番感受:在大学博物馆所展示的一份份或一块块残缺不全的"历史碎片"面前,真正拥有高度文化自觉或自信的大学管理者,其内心深处所拥有的其实并不是浅薄的欣慰和自豪,而是一种深深的遗憾、苦苦的焦虑和淡淡的无奈!我无意责怪或埋怨我们的前人,我们似乎也没有太多的时间和精力去责怪、埋怨,因为还有很多很多事情需要我们去落实、来实现,从而给后人多留下一点点念想,少留下同样的遗憾。

  这不是故作矫情,也不是无病呻吟,只有亲身经历者,方能拥有如此宝贵的紧迫感。这种深怀忧虑的紧迫感,实在是源于一种更深的文化理解!确实,文化的功能不仅在于"守望",更在于"引领",这种引领既是对传统精华的执着坚守、对现实不足的无情批判,也是对美好未来的理想而又不失理性的憧憬。换言之,文化的引领功能不仅意味着对精神家园的守望,也意味着对现实存在的超越。尽管本人并没有宏阔博大的思想境界、济世经国的理想抱负、腾天潜渊的百炼雄才,但在内心深处,我却始终拥有一种朴实而执着的想法:人生在世,"必须做点什么""必须做成点什么";如是,方能"仰俯无愧天地,环顾不负亲友"。然而,正所谓"前途是光明的,道路是曲折的",对于任何富有价值和意义的事情而言,"想法"变成"现实"的过程从来都不可能一帆风顺。在当下社会,"文化校园建设"则更是"自找苦吃"!

二

  人生有趣的是,这一路走来,总有一些"臭味相投"的"自找苦吃"者与你同行!

  2013年,我兼任艺术学院院长。在一次闲聊中,我不经意间流露出这一久埋心底的想法,随即获得了马中红、陈霖两位教授及其团队成员的积极响应。也许是闲聊场景的诱发,如此宏远计划的启动便从艺术学院"起步"了!其实,选定艺术学院作为起始，我内心深处还有两点考量：一是"万事开头难"。既然事情缘起于我的主张和倡议，"从我做起"似乎也就成了一种自然选择。事实上，我愿意也必须做一次"难人"。二是我强烈地感到时不我待，希望各个学院能够积极、主动地加入"抢救""保护""挖掘"文化的行列。尽管从本质上讲这是一种历史责任，但在纷繁的现实面前，这项工作似乎更接近于一种"义务"或"兴趣"，因此，作为分管文科院系的副校长，我不能对院长们有更多的硬性要求。于是，我想，作为艺术学院院长，我可以选择"从我做起"，其示范和引领作用可能比苍白的语言或"行政命令"更为有力、更富成效。

当然，选择艺术学院作为"东吴名家"开端的根本想法，还是来自我们团队对"艺术"发自内心的热爱！因为，在我们古老的汉字中，"藝"字包含了亲近土地、培育植物、腾云而出的意思。这也昭示了艺术的本性：艺术来源于生活，但必须超越生活。或许也正因为艺术这样的本性，人们对艺术的反应可能有两种偏离的情形：艺术距我们如此之近，以致习焉不察；艺术离我们如此之远，以致望尘莫及。此时，听一听艺术家们的故事，或许会对艺术本身能够拥有更多、更深的理解。

英国艺术史家贡布里希在其《艺术的故事》开篇中有云："实际上没有艺术这种东西，只有艺术家而已。"在各种艺术作品的背后，站立着她们的创造者，面对或欣赏这些艺术作品，实际上就是倾听创造她的艺术家，并与艺术家展开对话。这样的倾听与对话超越时空，激发想象，造就了艺术的不朽与神奇。也正是这种不朽与神奇，催生了"东吴名家"的艺术家系列。

最先"接近"的五位艺术家大家都不陌生：梁君午先生，早年在西班牙皇家马德里艺术学院学习深造，深得西方绘画艺术的精髓，融汇古老中国的艺术真谛，是享誉世界的油画大师；张朋川先生，怀抱画家的梦想，走出跨界之路，在美术考古工作和中国艺术史研究中开辟了新的天地，填补了多项空白；华人德先生，道法自然，守望传统，无论是书法艺术，还是书学研究，都臻于至境；杨明义先生，浸淫于江南传统，将透视和景别融进水墨尺幅，开创出水墨江南的新绘画空间；杭鸣时先生，被誉为"当今粉画巨子"，以不懈的努力提升了粉画的艺术价值。五位大师的成就举世瞩目，他们的艺术都有着将中国带入世界、将世界融入中国的恢宏气度和博大格局。

五位艺术家因缘际会先后来到已逾百年的东吴学府，各自不同的艺术道路在苏州大学有了交集和交融，这是我们莫大的荣幸。他们带来的是各自艺术创作的历练与理念，艺术人生的传奇与感悟，艺术教育的热情与经验，所有这些无疑是我们应该无比珍惜的宝藏，在这个意义上，"东吴名家·艺术家系列"的编写与制作也可谓一次艺术"收藏"行动。

三

"收藏"行动在继续进行！随着"东吴名家·艺术家系列"的编写与制作告一段落，我便将目光转向了"名医"。这一探寻目光的阶段性聚焦或定格，缘起于本人儿时的梦想和生活经历。我自小在外公与外婆身边生活，身为医生的舅舅和舅妈对我影响巨大。舅舅的敏感和精明、勤奋与敬业，舅妈的才情和灵巧、细腻与矜持，尤其是他们与病人之间交往、交流的互动场景以及医院的氛围，给我幼小的心灵烙上了深深印记。应该说，舅舅和舅妈身上所折射出来的医生职业操守和人格魅力，不仅是我人生启蒙的绝好养分——"随风潜入夜，润物细无声"地滋养、熏陶着我的成长，而且也渐渐成为我的生活习惯和样态，进而萌生出人生的愿望与梦想——我想成为一名让人尊敬的白衣天使或人民教师！

儿时的梦想，总是比较简洁和朴素，有时还十分直观和现实。在我的思维积淀中，总有一种抹不去的儿时记忆和认知：医生和教师是人世间最崇高、最善良、最阳光的职业！因为几乎没有哪位医生不想救死扶伤的，也几乎没有哪位教师不想教人成人的。世上可以没有其他职业，但绝不可无医生和教师。这两种职业甚至超越了国界、人种、民族和意识形态等差异，因为任何人都会遭遇到生老病死的拷问，任何人都有接受学校教育的过程，绝大多数人也会面临子女教育问题，等等。因此，渴望成为一名医生或教师，便成为我儿时的梦想！

清楚地记得，我在高考志愿书上清一色填写了"临床医学"专业，但因为班主任私底下递交的一份"定向表"，让我儿时的"医生梦"彻底破灭了。因为这种"阴差阳错"，而今中国大学里多了一名不太优秀的心理学教授，而医院却可能少了一名出色的外科医生。身为大学教授的我，虽然内心偶尔也会流露出"得陇望蜀"的遗憾，但我知道，这是真正的"白日梦想"。"医生"，对我而言，只能成为一种永久的儿时记忆了。也许正是为了弥补这份心理缺憾，我将探寻的目光聚焦或定格于"名医"，便乃是情理中事了。

如果说，"东吴名家·艺术家系列"的编写与制作缘起于本人的文化理解和兼任艺术学院院长的"便利"以及与马中红、陈霖两位教授的"臭味相投"，那么，"东吴名家·名医系列"编写与制作能够成为现实，则是因为我和我的团队又幸运地遇上了一位"同道",他就是侯建全先生!在一次偶然闲聊时,建全兄得知了我内心深处的愿望和设想,他不仅给予高度褒扬,而且主动要求加入并表示全力支持。这真是应验了两句老话:有心栽花花不开,无心插柳柳成荫;踏破铁鞋无觅处,得来全不费工夫。在日常交往中,建全兄给我留下的印象是干练、圆融、义气,而他对医院文化建设的深邃理解与执着精神,以及他能跳出自己的"本位",全方位思考吴地医学文化传承与保护的视野和气度,又使我对他平添一份深深的敬意和尊重。尤其是此间我的工作岗位发生了变动,他依然一如既往地关心、支持此项工作的开展和推进,更是彰显出"同道"的意蕴与价值、友谊的诚挚和珍贵。

拥有了建全兄这样的"同道","收藏"行动进展得异常顺利。我们的笔墨和镜头此次定格与聚焦的几位名医也是大家耳熟能详的:唐天驷先生是我国著名的骨外科专家,两次获得国家科学技术进步二等奖;他主持的"脊柱后路经椎弓根内固定"研究,被誉为我国脊柱外科的一大"里程碑",铸就了脊柱内固定的"金标准";虽到望九之年,他仍然工作在第一线,用高超的医术,帮助无数病人"站稳了身板""挺直了腰杆"。阮长耿院士,被尊为中国的"血小板之父",成功研制了以SZ(苏州)命名的系列单抗,应用于出血与血栓性疾病的基础与临床研究,始终坚持不懈地以学术引领中法交流,以科研点亮生命之光。杜子威先生,著名医学教育家、中国现代神经外科学奠基人之一,制定了首个中国人脑脊髓液蛋白电泳的标准值,培养出中国第一株人脑恶性胶质瘤体外细胞系SHG-44,建立了人脑胶质瘤基因文库,在中国脑外科研究和临床方面取得卓越成就。董天华先生,苏州骨科医学的开创者和奠基人,江苏省医学终身成就奖获得者,学医、行医、传医七十余载,德术并举、泽被后学,仁者情怀、大家风范。蒋文平先生在六十多年的行医生涯中,在我国心脏电生理领域里倾注汗水和心血,贡献智慧和才能,是一位不畏艰难险阻和不知疲倦的探索者、创新者、开拓者。陈易人先生,是苏州乃至江苏全省的知名外科专家,曾经是省内医学界外科医学的领头羊之一;半个多世纪以来,他无私奉献,不计名利,坚持奋战在手术台旁,为千万个患者解除病痛;他还通过努力,和同事们一起把苏州大学附属第一医院的外科诊疗提升到省内一流水平。华润龄先生从医半个多世纪,学养深厚,内外兼修;他上承吴门医派著名老中医奚凤霖和陈松龄两位先生医脉,秉循吴地优秀传统文化的传袭,理法方药,思路清晰,用药轻简,救人无数,在中医业界和患者当中树立了良好的口碑,是当代吴门医派的杰出传承人和代表医家之一。李英杰先生,国家级非物质文化遗产项目指定传承人,潜心于六神丸技艺,一颗匠心守护绝密国药,将手工微丸技术代代相承,被誉为当代"中医药八大家"之一。

…………

"收藏"行动将继续进行。随着"同行者"的不断加盟,"东吴名家"(百人系列)将在不远的将来"梦想成真"!为了这一美好梦想,为了我们的历史担当,也为了给后人多留点念想、少留点遗憾,让我们携起手来……

序

自古姑苏繁华地，不仅仅体现在经济与文化的长足发展，而且在中医领域也形成了著名的吴门医派。吴门医派作为传统中医体系，形成了一大批著名医家，且世代相传，比如绵延约八百年的郑氏妇科。吴门医派中名医多御医，由于医术高明，声名远播，仅明代姑苏籍御医就有七十多位。吴门医派为苏州人的繁衍生息和健康生存做出了卓越的贡献，也为传统中医文化的传承和发展贡献了苏州智慧。

"东吴名家·名医系列"选择了华润龄先生和李英杰先生作为当代苏州吴门医派与中医制药工艺的代表人物，可谓实至名归。

历史上的东吴医派在当代通过名医传播、名药制作、名馆开设以及中医文化的现代化建设而得到发扬光大。与东吴医派并驾齐驱的是苏州日益崛起的现代医学和医疗。苏州大学附属第一医院，是国内具有影响力的知名三甲医院，多年来，在中国最佳医院排行榜中名列前50强，在中国地级城市医院100强排行榜中雄踞榜首。百年老字号医院，已然浓缩为医学领域的一笔宝贵财富，其重要原因之一，是它拥有一支实力雄厚的名医队伍。一所医院在民众中的口碑和信誉，很大程度上是凭借这些名医来创造的。在长期对医院的管理中，我始终不渝地坚持这一条，培养名医、建设名医队伍不动摇，这是医院建设和发展的硬道理。

名医不是天上掉下来的，名医荟萃的局面也不是朝夕之间就能形成的，其中，医生队伍建设至关重要。作为一所三甲医院，医生队伍是呈宝塔型结构的。名医是宝塔尖上的独领风骚者，他们也是从医生、从良医中脱颖而出的。对于医生队伍建设来说，我们的兴奋点和关注点，一是人才，二还是人才，三依然是人才。具体来说，一手抓名医队伍的建设，他们是医院的标杆、品牌，让他们带领团队，培养学生，充分发挥引领作用，提高医生队伍的整体水平。另一手抓青年医生的培养，这也离不开名医，以名医为师，从中发现人才。一旦发现可塑之才，就严格要求，压担子，创造各种条件，使他们成为名医。尊重名医，爱护名医，宣传名医，始终是医院工作的重中之重。作为医院的文化建设，整理和发扬名医的品德与精神，在当前显得非常迫切，这也是具体落实党中央的"把跨越时空、超越国界、富有永恒魅力、具有当代价值的文化精神弘扬起来"的指示。阮长耿、董天华、唐天驷、蒋文平、杜子威、陈易人六位名医的访谈正是在这样的背景下诞生的，是苏大附一院医院文化建设的又一重大成果。

一代代名医是医院文化的积淀，是苏州古今中外医学思想和精神的承继与传扬！"东吴名家·名医系列"所选八位名医虽然分属不同专业学科，但是他们有这样一些共性：

第一，医者仁心，他们都有崇高的医德。百年传承，使苏州有了"吴门医派"的金字招牌，也使苏大附一院积淀了"博习创新，厚德厚生"的文化底蕴。"厚德厚生"使医院百年来形成了"为患者、爱患者"的绿色医疗生态环境。这些名医用毕生的实践，诠释和丰富了"厚德厚生"的内涵。以德为上，为民服务，才不愧为真正的名医。董天华教授一直信奉"医德医术是一个医生的生命"，创造性地研究出将"美多巴"应用于治疗早期非创伤性股骨头坏死的新思路。几十年来，董教授淡泊名利、廉洁行医，收到病人的锦旗和表扬信不计其数，从未收受过病人的红包。他经常教诲年轻医生，要做好一名医生，首先要做一个品行端正的人，对待患者要有一颗仁慈的心，在诊治病人的时候，要时刻设身处地为病人的病情着想。慕名而来的患者除了仰慕他妙手回春的精湛医术，感恩他朴实善良的医者仁心外，更敬重他高尚的医德。华润龄先生秉持中医传统正道，妙手仁心，待患以诚，致力于中医领域的开掘，其学养、医术和医德得到业内同行和众多患者的嘉许，是一位有口皆碑的吴门儒医。

第二，大医精诚，他们以精湛的医术名扬天下，受到无数患者的爱戴。桃李不言，下自成蹊。名医活在广大民众的口碑中。他们敬业，痴迷于自己的理想，在长期行医过程中，不断总结，不断前进，最终登上自己事业的顶峰。陈易人教授，是我们外科的著名专家，一生兢兢业业，克己奉公，不计个人名利，用手术刀为千万个患者解除病痛，也把苏大附一院的外科诊疗提升到了省内一流水平。蒋文平教授，植入了中国第一例与第二例自动心脏起搏复律除颤器，从直流电消融到射频消融治疗心动过速，蒋主任参与了中国在该领域的起步性研究，接二连三地开创"中国首例"，在治疗心律失常方面立下了赫赫战功。脊柱外科医生是高技术、高风险的职业，稍有失误，病人就可能终身残疾。唐天驷教授作为一名医生，最大的快乐就是为病人解除痛苦，精湛的技艺是他毕生的追求，他一直坚持重视每一个手术细节，创下了数千例脊柱手术无瘫痪、无严重并发症的纪录。20世纪80年代，他主持的"脊柱后路经椎弓根内固定的基础和临床研究"被誉为我国脊柱外科的一大里程碑，铸就了脊柱内固定的"金标准"。

第三，敢于创新，与时俱进。这些名医不墨守成规，故步自封。他们是各自领域的弄潮儿、追梦人和风云人物。医学事业日新月异，每天有无数创新的成果面世。阮长耿院士建立了我国第一个血栓与止血研究室。他成功研制了以SZ（苏州）命名的第一组抗人血小板单克隆抗体，填补了国内空白，达到国际先进水平。随后相继研制成功抗人血小板、vW因子等苏州（SZ）系列单抗180多株，并应用于出血和血栓性疾病的基础与临床研究，其中5株SZ单抗被确认为国际血小板研究的标准试剂……阮长耿，亦被学界公认为我国血栓与止血研究领域杰出的开拓者之一。杜子威教授，1974年创建了苏州医学院（现苏州大学医学部）脑神经研究室，开展了脑神经疾病的基础研究，成功研制出国产醋酸纤维薄膜，首次制定了中国人脑脊液蛋白电泳的标准值，建立了中国第一株人脑胶质瘤体外细胞系SHG-44及其裸小鼠移植模型NHG-1、中国第一株抗胶质瘤杂交瘤单克隆抗体SZ39，在国内首先成功建立了人脑胶质瘤基因文库。传统中药制药名师、国家级"非遗"传承人李英杰先生经年潜心研习，以敬畏和专注传递中医药文化之魂，在不断创新中将传统制丸技艺发展至炉火纯青的地步。

长江后浪推前浪。医学事业的发展，需要各方面人才。本次推出的名医访谈系列丛书，目的是为了传承。我们的愿望是把名医的风采、经验作为财富，贡献给大家，可以一代又一代地传承下去。他们是"博习创新，厚德厚生"的杰出代表，我们也希望在他们的感召下有更多的名医涌现。人才辈出，才能使我们在当今的世界竞争中立于不败之地。

名医已经沉淀为苏州医学、医疗、医药发展的一种精神动力，历经传承与创新，浓缩为一种与时俱进的时代品格。八位名医访谈是"东吴名家·名医系列"的首批实录，历时三年，挖掘整理了老一辈名医的故事，以照片、文字和视频的形式完整真实地展现出来，以期丰富和拓展我们的名医文化建设，从而使我们的文化建设事业迈上一个新台阶。

苏州大学附属第一医院院长　侯建全

唐天驷

唐天驷，男，1932年9月6日出生于上海，教授，主任医师，博士生导师，苏州大学附属第一医院骨科资深专家，苏州大学临床医学教育督学，我国著名骨外科专家，享受国务院特殊津贴。曾担任中华医学会骨科学分会副主任委员、中华医学会骨科学分会脊柱外科学组组长、中国康复医学会脊柱脊髓损伤专业委员会副主任委员、江苏省医学会骨科学分会主任委员等。曾担任《中华骨科杂志》《中国脊柱脊髓杂志》《中华外科杂志》《中华创伤杂志》（英文版）等8种杂志的副总编、副主编、常务编委和编委。20世纪80年代在全国率先倡导应用短节段经椎弓根内固定技术治疗胸腰椎骨折，设计了操作简便、固定可靠的新型脊柱内固定系统并在全国推广应用。后又将椎弓根技术与椎板钩结合，治疗腰椎滑脱症和腰椎峡部裂等病症，并研发颈椎椎弓根技术，均为国内首创。获国家科学技术进步二等奖2项（2004年，2017年），江苏省科学技术进步一等奖1项（2003年），市级以上奖项28项，公开发表论文220余篇（包括指导研究生发表的论文），主编（译）、参编专著和教材12部。

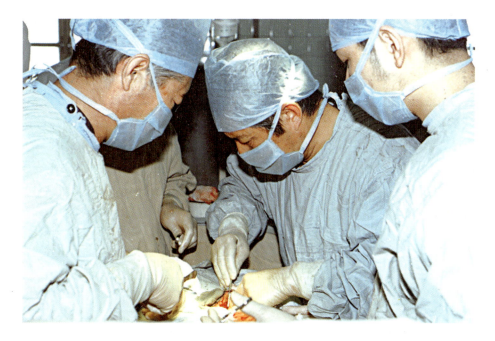

唐天驷教授在手术中

2004年国家科学技术进步二等奖证书

2017年国家科学技术进步二等奖证书

2006年,唐天驷(前排左一)获得江苏省医学杰出贡献奖(全省共2人),时任江苏省副省长何权(前排中间)为其颁奖

苏州大学附属第一医院骨外科首任主任董天华教授(中)、第二任主任唐天驷教授(右)、现任主任杨惠林教授(左)合影

2009年7月,全家赴澳大利亚参加外孙女的毕业典礼。前排左起:唐维维(女儿)、唐天驷、唐恬恬(小孙女)、唐艾艾(大孙女)。后排左起:夏笙尉(小姐姐的外孙)、谢持平(女婿)、李兰迪(儿媳)、谢奕希(外孙女)、唐迪(儿子)

2017年,唐天驷与哥哥唐天骝(左二)、堂姐(右二,96岁)、姐姐唐芷芳(右一)合影

2018年4月，女儿唐维维为父亲唐天驷绘制的粉画肖像

目　录

特稿

003　问天炼奇骨　西技注东魂

专访

031　早年琐忆
032　庸医误诊父亲
035　童年的苦与乐
041　选择毕生从医

043　杏林新秀
044　通医纪事
048　勤学苦练
050　以院为家
054　扎根苏州

058　骨科与全科
059　"骨科黄埔"进修
065　"医疗下乡"岁月
070　"针刺麻醉"辩证

072　临床与科研

073　科研源于临床

078　手术技法创新

082　医学更是人学

085　椎弓根技术

086　长期关注　妙手偶得

090　洋为中用　改良提升

100　国内第一　国际领先

102　医德、医风、医术

103　良心更重要

109　印象最深的手术

113　严师出高徒

119　误诊是医学大敌

122　人生追梦

123　淡泊名利　懂得感恩

133　医药之家　生活点滴

140　老骥伏枥　长寿秘诀

他人看他

145　黄厚甫：岁月不负深情话名师

155　汪康平：睿智幽默的唐天驷老师

162　刘璠：吾辈恩师，杰出楷模

167　杨惠林：一日为师，终身为父

171　邱勇、钱邦平：高山仰止，景行行止

178　唐迪、唐维维：我们的爸爸

附录

187　电视纪录片脚本
193　唐天驷年谱

203　参考文献（部分）

205　后记

特稿

问天炼奇骨　西技注东魂

唐天驷教授是我国著名的骨外科专家,他从医60多年,先后两次获得国家科学技术进步二等奖。20世纪80年代主持的"脊柱后路经椎弓根内固定的基础和临床研究",被誉为我国脊柱外科的一大里程碑,铸就了脊柱内固定的"金标准"。在他的拼搏和带领下,苏州大学附属第一医院骨科成为卫生部首批国家临床重点专科和教育部国家重点学科,是江苏省骨科唯一的国家级"双重点"。

六十年筚路蓝缕,一甲子风雨兼程。唐天驷教授六十多年如一日,把自己渊博的学识、精湛的医术奉献给了人民健康事业,以一丝不苟、脚踏实地的精神,致力于骨外科学的临床、教学和科研。中国人是重视"骨气"与"脊梁"的,"铮铮铁骨""傲然风骨""挺起脊梁""不屈的脊梁"都是形容一个人坚强的词汇,唐教授用自己高超的医疗技术,帮助无数病人"站稳了身板""挺直了腰杆"。

从2016年6月到2018年4月,我们跟随唐教授门诊、手术、参加学术会议、发表专业演讲,亲身感受到他的大医精诚、德艺双馨。我们请唐教授谈他的从医经历和人生感悟,从中既看到了他忘我的工作风格、严谨的治学态度,更看到了我国脊柱外科乃至整个医学事业的飞升。

"我这身老骨头已经习惯了"

唐天驷先生1932年出生,已经86岁高龄的他依然奋战在临床一线。2010年到2017年,他平均每年的出诊时间超过160天,手术超过100台。他戏称:"在总院食堂用餐,已经找不到比我年纪更大的人了。"这种在常人看来不可思议的状态,唐先生却说:"我这身老骨头已经习惯了。"

唐先生说："我是一个外科医生，从1955年大学毕业到现在已经60多年了，外科医生的重要工作之一就是手术。做手术是我的专业技术，做得好应该是一种享受。作为医生就是要济世救人，我离不开病人，要从病人身上学到书本上没有的临床经验。但是，如果外科医生只会做手术，不懂得病人，只能叫'医匠'，算不得一名好医生。"

医学是一门用毕生精力都学不完的科学，唐先生说要活到老学到老，他再忙也从不感到疲倦，工作中思维敏捷，条理清晰。因此，至今有不少病人主动"点名"，请求唐医生帮他们开刀。

2017年7月20日下午，唐先生给一位24岁的男性患者做腰椎间盘手术，经过医院手术室护士长的同意，我们跟着唐先生进了手术室观看了手术的全过程。

进手术室前，护士长给我们做了短期培训，穿好手术服，戴好帽子、口罩，牢记"进手术室不准擅自移动"。

14点30分，离手术开始还有十分钟，唐先生从容踩开感应门，走近洗手水槽准备洗手。人们常说外科医生的手特别金贵，但金贵的其实是这双手所承担的责任和具备的能力。"手术人员要剪短指甲，去除积垢，我们必须要用刷子刷手的。"唐先生一边用毛刷快速仔细地刷洗指甲和手指缝，一边与我们讲解术前洗手的一些注意事项，"洗手从指尖到肘上10厘米处，手指朝上肘朝下，用清水冲洗手上的肥皂水，反复刷洗，用无菌毛巾从手到肘擦干，再用消毒液涂擦，待其自干……"

穿上无菌服，戴上无菌手套，唐先生走到手术台旁。第一助手已经安排病人侧卧在手术台上，经唐先生确认后，在其腰背部画好一个标记。这位病人的腰椎间盘突出症采用局部麻醉下小切口，这是唐天驷独创的做法。

过了"从心所欲而不逾矩"之年的唐先生丝毫不见延宕和拖沓，一刀划开约3.5厘米长的切口，止血后在棘突旁切开骨膜及筋膜，推开骶棘肌，到达椎板关节突，充分暴露手术视野，切除黄韧带，用咬骨钳椎板开窗，这时大概触及了神经根，病人诉痛。

这正是"局麻"手术的特点：因为局部麻醉，病人有意识并且能感受到疼痛，可以起到自我保护的作用，防止手术损伤神经，也有助于定位准确，不会开错腰椎间盘突出的"责任间隙"。

唐先生换用不同型号的髓核钳，动作轻巧而利索，很快将突出椎间盘的髓核摘干净了。这时他问了一下病人能否将自己的脚背翘起来，病人照做了，这意味着病人的神经在手术中未受损伤。

15点40分，手术基本结束，用无菌盐水冲洗创口，缝合伤口后，将皮肤缝合三针。

手术结束，唐先生终于从凳子上站了起来，走到病人头边向其告知。然后，他走出手术室，利落地脱下手术服和手套，再次走到洗手槽边，像个小伙子般，掬一捧水洗了把脸。

唐先生说："我做这个手术一般要一个小时多一点，髓核要拿得干净一点，这是标准髓核摘除术。"我们好奇地问："整个手术过程中，基本没有出什么血，为什么？"他笑着说："麻醉药里加了一定量的肾上腺素，不但可以止血，而且麻醉效果也延长了。"

一场手术，看似稀松平常，实际如履薄冰。脊柱外科医生是高技术、高风险的职业，稍有失误，病人就可能终身残疾。唐天驷教授一直坚持重视每一个手术细节，创下了数千例脊柱手术无瘫痪、无严重并发症的纪录。他认为，手术应该是严谨的，所谓"差之毫厘，谬以千里"，助手和护士应配合默契、动作娴熟，手术的目的是使病人又快又好地恢复健康，容不得有半点马虎。

86岁的老人给比自己小60多岁的患者做手术。我们身边很少有80多岁的老人看报不用老花镜，写字手不抖的，更何况聚精会神在手术台上亲自操刀做外科手术呢！在手术室通向出口的走廊里，唐先生说："对于我来说，做手术也是一种锻炼，持续不断地工作也是长寿的秘诀之一。仁者寿也。"

从"骨科黄埔"出发

唐天驷祖籍江苏无锡，1932年9月6日在上海出生。唐天驷的父亲唐琴逸早年到上海的钱庄从事金融行业，因为工作兢兢业业、能干机谨，很快被提升为钱庄襄理。母亲陆文秀是一个心灵手巧、秀丽贤淑的小脚妇人。唐天驷在家中排行老四，上面还有一个哥哥和两个姐姐，当时一家人的生活既富足也美满。

然而好景不长，在唐天驷一周岁时，唐琴逸的背上长了一个"痈"。"痈"是一种皮肤和皮下组织的化脓性感染，不仅红肿而且伴剧痛。唐琴逸在上海经多方医治仍不见效果，病急乱投医，不知听从了谁的建议，回到无锡老家治疗。老家的医生采取了"切开"的治疗方式，导致"痈"里的细菌进入血液，引发败血症。手术当晚，唐琴逸高烧不退，当时国内尚没有抗生素，他无法得到有效救治，很快就离开了人世，留下孤苦伶仃的妻子和四个都未满十岁的孩子。

20世纪30年代，上海时局动乱，物价飞涨，唐天驷一家迫于生计，住在英租界白克路祥康里89号一个面积约20平方米的亭子间。亭子间面积狭小，顶层是晒台，夏天正午，房间又闷又热。家里穷，买不起电扇，一家人最期待傍晚老天爷下阵暴雨，把气温降下来，睡上个好觉。当时上海几乎每家每户都有臭虫，唐天驷的母亲时常要半夜起床，在孩子们睡觉的凉席边缘拍打，把拍下的臭虫捻死，白天有时再把棕绷搬到弄堂里，用沸腾的开水杀虫。

母子五人相依为命。食物匮乏的时候，唐天驷的哥哥姐姐会去豆腐店买磨豆浆剩下的豆渣，母亲用新鲜豆渣混上面粉，稍稍烘烤，就做出了喷香的饼。有时候唐天驷放学回家，母亲放不下手中的针线活，就分派他生煤炉。煤炉点燃后，母亲会奖励他去弄堂口买一只大饼，这是哥哥姐姐没有的待遇。他拿到大饼后，一定要先给母亲咬一口再自己吃。如果母亲一口咬小了，不行，还得再咬一口，这样他才能吃得香。除了豆渣面饼外，母亲还会做手擀面、馄饨、饺子、馒头、酒酿等，后来又向广东邻居学了一手粤菜，最基础的广式茶点萝卜糕，还有广式馄饨、虾球、鱼圆等，只要有材料，她都会做给孩子吃。后来，母亲一直跟着小儿子生活，又带大了孙子孙女，颐养天年。

1938年至1950年，唐天驷先后就读于上海爱华小学、上海国强初中和上海民立中学。其间经历了上海沦陷。先是日本军用飞机不分昼夜地轰炸上海，后来日寇大摇大摆进入租界。在这种情况下，唐天驷不得不中断学业，返回无锡老家避难。但是当时的无锡也是日本人的天下，但凡有违抗日本兵的村落，免不了"烧光、杀光、抢光"。唐天驷目睹了这一切，七十年后回忆涌向笔端，文字虽然平常，但情绪却是酝酿在一笔一画中。战时的状态影响了他的一生，尽管现在物质条件变好了，他仍然节俭惜食。"有时候聚会，让我点菜，我往往不看菜名而只看菜的价格，低的价位总是好的。"他笑着说。

1945年8月，抗战胜利，唐天驷从无锡返沪，在学校助学金的资助下完成了初中学业。五年后，18岁的唐天驷高中毕业，同时被上海大同大学①化学系和南通学

---

① 大同大学是民国时期上海一所著名的综合性私立大学，尤以理工科著称，素有"北有南开、南有大同"之说。

院医科①录取。最终他选择了南通学院医科，成为一名医学生。这个选择有多方面的原因：一是父亲病故之痛和目睹民生病痛之苦，使他有了立志从医的自觉；二是大同大学属私立院校，学费高昂，南通学院为公办，读书免费还有补贴；三是南通的读书环境也比较好。回首当年，唐天驷对自己的选择无怨无悔。不仅如此，他后来还引导自己的孩子也走上医学之路。对他来说，医生的职业是人生使命，值得一生追求，只有大爱无疆、仁心仁术，才能为人民健康护航。

求学路迢迢。1950年，唐天驷从上海十六铺码头出发，乘坐轮船过长江，一路向北前往南通。当时交通条件差，从上海去往南通需走一夜的水路。唐天驷往来坐的都是五等舱，夏天可以在甲板上过夜，冬天就只能在船舱的走廊里凑合。在校期间他省吃俭用，节省下的钱还用来贴补家用。每到过年前，他总要买些南通土特产作为年货带回家，让母亲和哥哥姐姐开心。南通是采棉区，棉花又便宜又好，唐天驷曾买过一条十斤重的厚棉花胎，背回家孝敬母亲，母亲盖着暖和，热得出汗。说起这件事时，唐先生还学母亲语气，"儿子啊，暖和是暖和，就是太重了些，都喘不过气了"。

1952年全国高等院校院系调整之后，南通学院医科先后改名为苏北医学院、南通医学院。不同于当今医学人才培养模式，南通学院医科1950级分内科系和外科系。唐天驷选择了外科系，全身心地扑在求知学医上，每学期成绩均名列前茅。

外科学习强调动手操作，包括打结、止血、暴露、缝皮等基本功。唐天驷觉得书本上的打结方法不够实用，摸索出了一套自成体系的打结方法，动作小、速度快、位置准确。练习过程不易，他常常翘起腿，用自己的鞋带代替医用打结的缝线反复练习。他是右撇手，却偏偏先从零开始练习左手打结，等到左手练好后，右手不用多学也会了，最后练成了双手打结的技巧。唐先生告诉我们，双手打结是有好处的，以前的手术止血和缝合没有电刀电凝，主要是靠打结来结扎止血，双手打结可以缩短手术时间，减轻病人痛苦。

在实习期间开阑尾手术时，他缝合皮肤和打结的娴熟技能，得到了通医附属医院黄炳然教授的赞扬。当时在南通医学院授课的教师，不少是从上海大医院请

---

① 南通学院医科的历史可以追溯到近代著名实业家、教育家张謇先生于1912年创办的私立南通医学专门院校。1952年，南通学院医科在南通学院原址改名为苏北医学院。1957年，南通医学院整体迁往苏州，更名为苏州医学院。苏州医学院于1962年底划归第二机械工业部（后改为核工业部、核工业总公司），1999年划归江苏省省管，2000年4月并入苏州大学，即今之苏州大学医学部。

来的医生,上海第一人民医院胸外科李颢教授、眼科赵东生教授、同济医科大学的童尔昌教授等都曾在通医授课,课程包括外科学、眼科、动物实验、手术和病理等。有临床经验的老师和专业系统的教学使他获益匪浅。

1955年7月,唐天驷一年的临床实习结束,即将毕业,他在大学期间的学习成绩和动手能力受到了南通医学院领导和附属医院外科主任李颢、鲍耀东及众多科室老师的交口称赞。当时学院毕业分配的指导思想是,要把部分优秀毕业生输送到全国各大医学院校去,提高学院的声誉。1955年9月唐天驷服从组织分配,坐了整整三天两夜的火车硬座席位,行程3 000多千米,来到了哈尔滨医科大学附属第一医院工作,开始了直面民生病痛的行医之路。

"刚开始进病房做住院医生,觉得什么都新鲜,什么都想学。"当时唐天驷吃住都在医院,在哈医大教研组主任徐敬业、何应龙等手下工作,同时在病人身上学到很多。每天一早跨进病房,他要么跟随上级医师查病房、问病史、做体检、开医嘱、写病历、换药,要么上手术台开刀或者做麻醉工作。他平时也喜欢运动,闲暇时学会了溜冰、打网球等,以此锻炼身体。

解放初期的哈尔滨医科大学附属第一医院,知名专家、教授云集,学术氛围浓厚,是我国北方医学重镇,这为唐天驷提供了良好的平台。1956年,唐天驷轮转到小儿外科,遇到了两例"新生儿胎粪性肠梗阻"的病例。他结合临床、解剖和国外资料,以第一作者的身份在《哈尔滨医科大学学报》1956年第2期上发表《新生儿胎粪性肠梗阻(文献综述及2例报告)》,还绘制了手术所见的示意图,这是国内首次报道该种罕见病例。在论文的总结部分,唐天驷这样写道:"胎粪性肠梗阻是较少见的疾患,国内尚未见到这种病例的报告……加强卫生宣传教育工作和提高医师尤其是产科医师对新生儿肠道梗阻的认识,以期今后对胎粪性肠梗阻能得到及时的正确诊断,减低死亡率。"这是唐天驷医学生涯的第一篇论文,得到了哈尔滨医科大学附属第一医院专家的赞誉。

这段儿科的工作经历,为唐天驷后来创办苏州大学附属儿童医院的小儿骨外科奠定了基础。唐天驷后来在苏州完成了包括先天性髋脱位、小儿麻痹症、马蹄内翻足等一系列畸形病例的矫正,为苏州大学附属儿童医院小儿骨科培养了一批高水平医生。

1957年6月,唐天驷被召唤回母校南通医学院附属医院。数月之后,全国高等院校院系调整,南通医学院迁到苏州,更名为苏州医学院,同年9月,唐天驷随校迁苏,来到苏州医学院附属医院(后来更名为苏州医学院附属第一医院、苏州大学附属第一医院)。当年,唐天驷的大学同班同学、未婚妻,出身无锡名门的大家闺秀唐莹,随唐天驷由齐齐哈尔铁路中心医院调入苏州医学院附属医院工作,两人喜结良缘。唐莹家境富裕,但生活简朴,工作勤奋,在大学期间由于普通话标准,同学们还在梦乡之中,她已经到校广播台开始广播了。1954—1955年在南京鼓楼医院实习期间,著名妇产科教授刘本立、邢淑洁都非常喜欢她。毕业后唐莹被分配在齐齐哈尔铁路中心医院妇产科,她钻研医术,善待每一位病人。1957年调到苏州后,更是临床有术、教学有方,学生对她上课的风采至今记忆犹新。唐莹是苏州医学院附属第一医院妇产科实验室奠基人之一,不少不孕不育患者,在她的治疗下喜得贵子,为众多的家庭增添了天伦之乐。

1958—1959年,在老师李颢教授的推荐下,唐天驷赴上海胸科医院肺功能实验室进修,并参观学习动物实验。通过观摩胸外科知名专家顾恺时、石美鑫、王一山、吴松昌、潘治等前辈的精湛手术,唐天驷的眼界更开阔了。在上海胸科医院进修期间,唐天驷积极努力工作,得到了上海胸科医院的好评:学习认真吸收快,对病员态度好,团结互助精神好。回到苏州,唐天驷与周立人老师建立了肺功能实验室,开展了肺功能测定,为苏州医学院附属第一医院填补了空白。李颢教授把唐天驷推荐到上海进修,其实是想让他今后在胸外科方面发展,然而后来李颢教授被错扣上了"右派"的帽子,说话不管用了。

1960年,唐天驷轮转到骨外科工作时,得到医院骨外科奠基人董天华主任的高度认可。同年4月,董主任力荐他到被医界誉为"骨科黄埔"的天津医科大学骨科医师进修班进修。进修班的负责人是一代骨科宗师方先之[1]教授。方教授早年从北京协和医学院毕业并留校工作,首创了骨关节结核病灶手术清除疗法。从1953年起,卫生部委托方先之在天津创办了这个进修班,唐天驷参加的是第七届。

能得到"骨科黄埔"的进修机会是非常珍贵的。唐天驷后来回忆说,"要去进修,先得通过方先之的选拔,根据报名者的学历和经历,他同意了才被录取。方先之亲自上课,当时他讲课内容极其丰富,包括X线片读片、创伤、感染、结核、先天性畸形、骨肿瘤和罕见病例等"。

---

[1] 方先之(1906—1968),浙江诸暨人,著名骨科专家和医学教育家。1953年创办全国骨科医师进修班,先后培养学员近2 000人,为新中国骨科事业做出了重要贡献。

方先之在波士顿大学深造过，在抗美援朝的战地医院做过大量伤员抢救手术。在他的培养下，年仅28岁的唐天驷，受到了严格正规的骨外科训练。由于唐天驷扎实的外科手术功底，方先之开刀大多是由唐天驷负责麻醉的。有一次，北京积水潭医院骨科的老教授孟继懋、洪若诗推荐方先之为波兰外宾手术主刀，方先之依然选定唐天驷做手术的麻醉。手术前方先之照例和唐天驷沟通麻醉的所有细节，怎么插管、用什么药，这给唐天驷留下了深刻的印象。进修期间，唐天驷撰写的《针刺麻醉下清醒插管术》一文，发表在《骨科进修班通讯》（该杂志就是1982年创刊的《中华骨科杂志》的前身）上，受到同仁的关注和学友的好评。"学习努力钻研，工作认真负责，不计较个人得失"，是天津医科大学骨外科进修班对唐天驷进修期满的评语。后来，在纪念方先之100周年诞辰的大会上，唐天驷是两名发言的学员代表之一。

1961年4月，唐天驷圆满结束天津医科大学骨外科进修班学业，返回苏州，在医院骨外科工作。当年，他晋升为主治医师和讲师，成为同龄人中的佼佼者。自此，唐天驷走上了以骨外科专业为主攻方向的医学之路。

毕生追求精湛的技艺

作为一名医生，唐天驷最大的快乐就是为病人解除痛苦，精湛的技艺是他毕生的追求。例如，遇到四肢骨折的病人，多数医生都主张切开复位内固定，像骨折透视下手法复位、石膏夹板固定等传统技巧已基本失传，但唐天驷至今还坚持这样的做法：对能用复合石膏固定的病人绝不轻易开刀，要减少病人痛苦，降低费用，减少并发症。2017年年初，原苏州医学院的老院长杜子威教授的夫人吴老师向唐天驷问诊，她脚扭了之后出现了踝部骨折，病区医生都建议她手术，但她坚决不肯，连牵引治疗都不愿意，因为她弟弟就是因足部开刀而发生了感染，也出现了钢板和骨外露的情况。于是唐先生拿出了自己的看家本领，用不开刀的方法为其骨折复位，这种"手摸心会"的方法现在掌握的人也不多了——打麻醉之后，依靠C型臂X光机的透视、医生的经验和手感给予手法复位，再上石膏。吴老师出院后回到日本休养，三个月后做X光摄片检查，日本医生看了之后很疑惑地问道："哪里有骨折啦，骨折线已看不见了，中国的伤科真厉害！"吴老师来唐先生处复诊的时候，也高兴地把在日本拍的两张片子带过来给唐先生看，片子显示，复位的效果很好,骨头重新长起来了。附一院脑外科的周幽心主任2017年下半年去日本,吴老师和他一起散步,毫无不适的感觉。

早在20世纪60年代初,唐天驷就开展了髋关节改良融合术、脊柱结核病灶清除侧前方减压术、脊椎肿瘤全脊椎切除术及半骨盆切除术等高难度手术。手术的结束往往是科研的开始,以髋关节改良融合术为例,唐天驷为了科学评估手术效果,用了近20年的时间,对100例病人进行了术后5年以上的长期随访。1981年,《髋关节融合术(附100例分析)》在《中华骨科杂志》上发表,文中指出,髋关节融合术的术后效果可以达到"能负重"和"不疼痛"两项标准,尽管是一种较为传统的手术方法,但对于感染的病人或者是无法接受人工关节手术的年轻病人而言,都不失为一种有效、安全的手术方式。类似的病例还有很多,80年代初唐天驷就曾诊治过一位股骨颈骨折的18岁女青年,她当时是张家港人民医院的实习护士,先是在上海做了人工股骨头置换手术,但术后假体脱位松动导致无法行走,唐先生为她做了髋关节融合,术后20年状态良好,现在已改行成了一位企业家。

1966年,唐天驷响应党的号召,下农村除害灭病。当时苏州地区巡回医疗的重点是遵照毛主席指示,一定要消灭血吸虫病,但下乡的医生什么病都得看,不分内、外、妇、儿,都是全科医生。当时除了听诊器和血压计之外,卫生院连心电图机都没有,巡诊药箱里的药也少得可怜,外科医生就是靠一把手术刀、一根银针,有时一把草药也管用。

那时大多数患有血吸虫病的病人体质差,营养不良,临床表现为低蛋白血症、贫血,病人看上去"双臂瘦如丝瓜,肚子大如冬瓜,面色如黄瓜",部分患者脾功能亢进,血小板和白细胞降低,必须要做脾切手术,但是风险大,难度高。尽管如此,唐天驷在昆山陆桥卫生院简陋的条件下,用针刺麻醉[①]切除巨脾106例,创下了无一例有并发症和无一例死亡的记录。昆山千灯有一例巨脾症患者叫阿金宝,曾在苏州市级医院硬膜外麻醉下也未能成功将脾脏切除,只能缝合创口。后来他辗转找到了唐天驷,唐医生采用针刺麻醉,在广泛粘连的情况下,艰苦卓绝地连续手术12小时,最终成功地切除了这个难度极高的巨大脾脏。阿金宝手术后很快康

---

① 针刺治疗疾病引起的疼痛是我国传统针灸学的宝贵经验,把针刺应用于外科手术的针刺麻醉(简称"针麻")则是20世纪50年代的创新技术。在其后的发展中,针刺麻醉经历了由当初的普遍应用到有选择地应用、从单纯针刺代替药物麻醉到针刺与药物复合麻醉的发展历程,为针灸学术的发展提供了宝贵的经验和教训。

复,不久就能参加田间劳动、养牛,康复后带着儿子来看过唐天驷。在写这本书之际,我们与阿金宝的儿子取得了联系,他一直说父亲的命是唐医生救的,阿金宝活到70多岁去世,他们全家一直视唐医生为救命恩人。

当年唐天驷最多一天做过9个针麻下脾脏切除手术,在针麻条件下病人还是会感到痛的,这个时候就需要外科医生熟练的基本功,暴露、结扎、止血既要快又要准,使病人受到的创伤降至最低程度。

除了针麻脾切手术外,唐天驷还在卫生院做过剖宫产、卵巢囊肿切除、腹股沟斜疝修补、肠梗阻、甲状腺以及其他腹部手术。当时昆山陆家浜有一个农民,骶尾部长了一个大如冬瓜的巨大神经纤维瘤,坐不得、躺不平、走不便、食不安,平时连裤子都没法穿,只能用一条"竹裙"蔽体,苦不堪言,急需手术。天气炎热,唐天驷用土方法,弄个木盆,盛满井水,他站在其中,头上就不出汗了,既解暑降温又省了巡回护士擦汗。在回忆这段经历时,唐天驷的好友苏大附一院心内科专家汪康平戏称其为"直立内置式落地变频空调"。切除手术克服了"肿瘤大切除时容易损伤神经、切除后缺损空腔大容易出血积液、邻近肛门容易感染、创口大皮瓣容易坏死"等四大难关,术后病人无任何并发症,恢复良好。

20世纪70年代,唐天驷参加的医疗队在光福窑上大队(今窑上村)遇到一位甲状腺瘤患者,要求手术心切。当时,一无手术台,二无无影灯,三无配套设施。但俗话说得好,办法总比困难多,唐天驷和同事因陋就简,拼起两张八仙桌,铺上消毒单,用柴油发电机提供照明,为了防止发电机故障,还准备了手电筒做备用光源。最后,他们终于在局部麻醉下为病人摘掉了甲状腺肿瘤,没有血肿,没有喉返神经损伤,也没有创口感染,病人非常满意。

1975年,在昆山"开门办学"期间,有一位五保户老农民患股骨慢性骨髓炎长达25年,这种病俗称"老烂脚",经久不愈。唐天驷为患者实施手术治疗后,还带领苏州医学院的工农兵大学生和赤脚医生一起送医上门,每天到农民家里换药。在师生们日复一日的悉心照料下,几十年经久不愈的"老烂脚"终于痊愈。

20世纪70年代初,苏州玻璃厂工人陈正先在工作中,手被车床绞断,送到附一院时右手已经完全和手腕离断。"世界断肢再植之父"陈中伟院士于1963年在上海完成了世界首例断手再植术,当时也引起了苏州骨科医生的关注。面对挑战,唐天驷和当时的骨科主任董天华依照陈院士的理念,先接动脉,再接静脉,尽早恢复血流运行,最后接骨头和肌腱,出血量极大,凭借肉眼完成了后来需要显微镜和显微缝针的缝合，让完全离断的右手重回患者的肢体，也为江苏开了断肢再植手术的先河。由于当时医学研究的局限，整个手术过程，病人输血量达到了10 000 mL，冷冻血中的微粒导致肺栓塞，并发了"急性呼吸窘迫综合征"，病情十分险恶。为了抢救病人，唐天驷夜以继日、连续作战，36个小时没合眼，一直陪伴在病人身边。在两位专家的努力下，病人的病情趋于稳定，最终江苏首例断肢再植手术获得成功。

20世纪80年代，唐天驷率先开展骨科介入手术的研究，并将其应用于临床。1983年，他的论文《经皮椎体针吸活组织检查》在《中华外科杂志》上发表。脊柱介入针吸活检技术，难度高，风险大，前有大血管，后有脊髓，左右毗邻胸膜，稍有偏差就会造成严重后果。有一年唐天驷前往广州中山医科大学附一院会诊，患者是中山医科大学一位年轻的整形科医师，疑似脊柱肿瘤导致下半身截瘫，院内外原来的会诊意见是立即进行脊柱前后路联合手术，只有唐天驷建议再次针吸活检，以进一步明确诊断。穿刺检验结果最终确诊为淋巴瘤，江苏省人民医院著名血液病专家熬宗芳教授为此曾说过："外科医生不认识淋巴瘤，淋巴瘤也不认识外科医生。"事实证明，此病例如果选择外科手术是错误的，将对患者造成灾难性的打击，江苏也有过类似淋巴瘤截肢的案例和教训。会诊结束后，中山大学李佛保教授对唐天驷说："姜还是老的辣，由于你的建议，避免了一个不必要的大手术！"经化疗后，病人完全康复。这位病人姓祁，唐天驷2018年9月应邀赴广州参加该院骨科成立60周年庆典，欣悉他现任该院副院长。

骶骨肿瘤手术出血量极大，输血量有时甚至在10 000 mL以上，"介入靶血管栓塞后手术治疗骶骨肿瘤"是唐天驷和学生杨惠林、倪才方的又一创举。此前骶骨肿瘤属于高难度手术，应用了介入技术后，手术出血量减少，切除肿瘤成功率大大提高。唐医生在访谈中回忆，常州奔牛镇有一位女患者，原本沉浸在儿子考上清华大学的喜悦之中，不料被诊断为骶骨巨细胞瘤，肿块大小达20 cm×20 cm×18 cm，压迫膀胱和直肠，排尿、排便都很困难。起初，病人在常州请上海医师手术，但手术1小时的出血量达到了5 000 mL，取了活检后就不得不压迫止血缝合切口，肿瘤未能成功切除。之后患者又到南京、上海各大医院，均被告知无法再次手术，最终辗转找到了唐天驷教授。经过反复研究和周密斟酌，唐天驷决定实施先行两侧髂内动脉和肿瘤靶血管介入栓塞，再行手术切除肿块的治疗方案，并亲自担纲这台风险和难度极大的手术。手术台上，以唐天驷、杨惠林为首的手术组，经过近4个小时，成功地为患者切除了巨大肿瘤，手术输血量仅2 500 mL。术后，病人很快恢复了排尿和排便功能，不久就康复出院，至今健康生活。几年前，已定居北京的这位病人怀疑肿瘤复发，到北京积水潭医院手术探查，结果仍是阴性，肿瘤并未复发。

铸就"脊柱内固定的金标准"

2017年11月，唐天驷在给施勤、张文主编的《骨科常用实验技术方法》一书的序言中写道，古语有云："画虎画皮难画骨。"意思是说，画画时很容易画虎画皮，很难透过皮肉，直接画出骨头……骨难画不无道理，因为骨非常重要，而且复杂。在关于哪吒的神话传说中，太乙真人取荷藕做骨骼，荷叶做肌肉，使哪吒起死回生，可算是一种骨组织工程技术的雏形。但真正的骨组织工程建构远比神话故事复杂得多。

关于骨组织工程建构的话题，唐天驷应该是最有发言权的专家之一。20世纪80年代初，随着建筑业及交通业的发展，高处坠落和交通伤发生率明显增高，很多患者发生严重脊柱脊髓损伤却得不到有效治疗。脊柱骨折伴截瘫是常见的骨科疾病，患者绝大部分为中青年，治疗较为困难，终身残疾率高，是骨科领域的难题。改革开放后引进了国外的脊柱内固定方法，当时主要是长节段器械，要将脊柱固定五节，例如哈氏棒（Harrington）、鲁氏棒（Luque）、哈鲁氏棒（Harri-Luque）、Roy-camille的椎弓根钢板等，对病人创伤大，容易脱钩、断钉和断棒。

现实的需求推动着临床和科研的发展。1985年，唐天驷在仅获得一本瑞士医生Walter Dick的德文专著的情况下，带领团队率先对国人脊柱胸腰椎做了详细的解剖学基础和生物力学测试研究，设计了操作简便、固定可靠的新型短节段椎弓根内固定系统，使我国脊柱外科内固定进入一个崭新的历史时期。他因而成为我国脊柱外科内固定的开拓者和学术带头人之一。

脊柱是人体的中轴骨骼，是身体的支柱。人类的脊柱一般包含33块骨头，即24块椎骨（颈椎7块、胸椎12块、腰椎5块）、5块骶骨、4块尾骨。脊柱的后面由各椎骨的椎弓、椎板、横突及棘突组成，椎弓根是椎弓的一部分，起于椎体后上部，短而厚。用唐天驷先生的话说，椎弓根的解剖特点是老天爷赐给我们人类的，椎弓根内固定技术可以用在脊柱的几乎每一个脊椎，椎弓根螺钉通过脊柱的后柱、中柱、前柱，从后到前，三柱固定，达到三维的强度，前屈、后伸、旋转都不会有影响。但与此同时，脊柱及其毗邻的组织都是重要的解剖结构，一旦手术伤及脊髓，就有面临瘫痪的危险。所以一开始有同行听说唐天驷团队在做椎弓根内固定手术，都觉得不可想象。唐天驷先生用了一个形象的比喻：比方说在墙上打钉子，我要知道自来水管在这里，电线在那里，我打孔的时候不能打穿自来水管，也不能打断电线。

为了获得第一手数据，唐天驷和研究团队等进行了无数次生物力学实验。为了找到螺钉进钉的最佳定位点和进钉角度，他们泡在实验室，测量了44具成套青壮年干燥脊椎（共572椎）和50例脊柱的CT片，在获得国人脊柱临床解剖学数据的基础上，自行研制、开发并逐步改进了用于椎弓根内固定的PSSF、APF、SF、MF等系统，取得了多项技术专利。

当年在没有C臂机、O臂机和电脑导航系统[①]的情况下，唐天驷和杨惠林等就靠X线片和手感——手术时在暴露患者的脊椎之后，先用钻头打一条通道，长约3 cm，用克氏针的平头探进去，探到周边和底部都是骨头的感觉，然后在手术台上再为患者拍一张X线片，根据片中的正位、侧位，给患者准确置入椎弓根螺钉。

为了防止断钉，唐天驷没有一味地根据国外的经验，而是结合我国的实际做了调整。早期外国的椎弓根螺钉，后面半段也是有螺纹的，容易断，唐天驷让生产厂家在螺钉前半段保留较深的螺纹，后半段的螺纹变浅，这样断钉的情况就比较少了。再比如，原来的螺钉直径是5 mm的，唐天驷把它提高到6~6.25 mm，这样就不容易断了。

1989年唐天驷以第一作者的身份，在《中华外科杂志》上发表了《胸腰椎骨折患者的椎弓根短节段脊柱内固定器治疗》。这篇论文标志着唐天驷把国外的椎弓根技术完整地引入国内，并且成功地进行了改良和完善，椎弓根内固定技术在苏医附一院日臻成熟。

这项技术在苏州成功应用于临床之后，全国各大医院都慕名派人来学习，唐天驷先后举办了12期学习班，学员遍及全国。当年从天津"骨科黄埔"进修回来的

---

① C臂机即C型臂X光机，是用于骨科手术中的X线影像设备。O臂机即术中三维CT设备。导航系统即在电脑辅助下，将病人术前或术中影像数据和手术床上病人解剖结构准确对应的技术。这些都是近年来发展起来的医学影像技术。

唐天驷，在苏州也创建了一个培训椎弓根技术的基地。2003年"脊柱后路经椎弓根内固定的基础和临床研究"获江苏省科技进步一等奖，2004年又获国家科技进步二等奖，这是江苏省医学界第一次获得国家级奖项，为江苏省、苏州大学和医院赢得了荣誉，并在全国奠定了应有的学术地位。

在申报国家科技进步奖时，唐天驷请同事做了一张地图，发现当时除了西藏和台湾外，全国各个省、市、自治区都派人来苏州学习过椎弓根技术。迄今为止，唐天驷和苏大附一院骨科做过的椎弓根内固定手术不计其数，这项技术早已在全国普及，不仅减轻了患者的身心痛苦，还产生了巨大的社会效益，给大量胸腰椎骨折或合并截瘫、腰椎滑脱、脊柱畸形的患者带来了福音。有些病人原本是瘫痪的，做完手术之后压迫解除了，截瘫有望恢复，可以拄着拐杖慢慢走路了，这对于病人和他们的家庭是多大的慰藉啊！

对于脊柱后路经椎弓根内固定技术，20世纪90年代初由江苏省教育厅和江苏省科技厅组织的鉴定会上，由曾任中华医学会骨科学分会主委的邱贵兴教授、曾任中华医学会骨科学分会脊柱外科学组组长的党耕町教授、著名骨外科专家陈中伟院士等组成的专家组做出了高度评价：此项技术与国际研究基本同步，并在钉杆设计等方面有所创新。这一技术已被全国同道公认，并对脊柱外科产生了深远的影响。①

20世纪90年代后期，唐天驷又将椎弓根技术成功应用于颈椎，在国内首先发表了关于颈椎椎弓根内固定技术的论著。1998年《下颈椎椎弓根内固定的解剖学研究与临床应用》发表在《中华骨科杂志》，2003年10月《颈椎椎弓根螺钉内固定系统的临床应用》发表在《中华骨科杂志》，2005年"经颈椎椎弓根内固定技术在枕颈融合中的应用"获江苏省卫生厅新技术引进一等奖。与此同时，唐天驷又带领弟子们，创造性地将椎弓根螺钉技术与椎板钩巧妙结合，治疗腰椎滑脱症和修复腰椎峡部裂等病症，均为国内首创。

在申报国家奖项的过程中，唐天驷先生高风亮节、淡泊名利，主动放弃了其成果第一完成人的排名，受到课题组所有参与者的敬仰和医界同仁们的敬重。他说："这一重大成果，是全科医务人员集体的智慧，创新需要跨越，不能停歇，科室的

---

① 参见"脊柱后路经椎弓根内固定的基础和临床研究"科技成果申报材料附件，苏州大学附属第一医院等内部资料。

持续发展期待年轻人，将荣誉推向年轻一代，是给年轻人的一种鞭策。"因为唐天驷先生在骨外科领域的卓越成就，他被选为中华医学会骨科学分会第五届副主任委员（同时还是第三、第四届的脊柱外科学组组长），2006年获评江苏省医学会"突出贡献奖"，2009年获评江苏省医学会"终身成就奖"。

如今，椎弓根技术已经走向了精准、微创，其运用的范围也更加广阔，但是它的基本原理和技术操作手法依然是由当年唐天驷团队奠定的。张英泽院士在一次中华脊柱微创外科的学术会议上曾说，"唐天驷教授的椎弓根技术是脊柱内固定的金标准"。2018年1月，已经成为院士的北京协和医院邱贵兴教授在一次学术会议上说，"在椎弓根技术方面，唐天驷教授是我们的老师"。

20世纪80至90年代，唐天驷先生多次参加世界骨科大会（SICOT）、美国骨科医师学会（AAOS）等国际学术交流，也多次赴日本、韩国、加拿大和港台地区参加学术活动和专业会议。2004年第十二届亚太地区国际会议在北京召开，他应邀在协和医院做脊柱手术演示。

唐天驷重视国际交流协作，把自己的学生和团队推向国际学术界，要求他们用世界最先进的理论、技术和方法来解决国内遇到的问题，同时也把中国人获得的经验和成果推向国际。在这个方面，唐天驷的两位高足邱勇和杨惠林可谓受益良多，唐天驷不但把他们"扶上马、送一程"，还不断要求他们追踪国际前沿，最终让自己站在国际前沿。

邱勇1985年到1988年师从唐教授攻读硕士学位时，当时毕业论文的题目就是《脊椎椎弓根的解剖学研究和改良Dick技术在胸腰椎骨折的应用》。邱勇毕业后唐教授推荐他前往瑞士的巴塞尔大学骨科，跟着Dick教授短期学习。后来邱勇先后在法国的贝尔克基金会医院脊柱外科中心、法国巴黎Bichat医院骨科等机构学习和执业。唐天驷先生在1996年去法国参加学术活动时，还特意去看望了邱勇。1997年邱勇回国后创建了鼓楼医院脊柱外科，在他的带领下，鼓医脊柱外科已逐渐发展成国内最大最权威的脊柱矫形中心之一。2012年3月11日，邱勇在巴黎笛卡尔大学被授予"法国国家外科医学科学院外籍院士"，这是首位获此殊荣的中国骨科医师。作为法国外科学领域的最高荣誉，此殊荣只授予在外科界为推进各种学科发展做出瞩目贡献的杰出精英。

2011年9月，在庆祝唐天驷先生八十华诞之际，邱勇在题为《桃李满天下 师恩深似海》的回忆文章中深情写道："从我成为他的学生的第一天起，就见证了老师这项在固定脊柱中被公认为最坚强的技术的成熟与发展,也经历了发展过程中的艰辛与苦难,但更让我在这短短三年里难以忘怀的是老师那种坚忍不拔的精神,以及对事业执着的追求和忘我的工作热情。这种激励不但影响了学生时代的我,对我后来的成长与发展都起到了不可估量的作用。如果说,我今天是一个成功的临床医生,那都与老师对我的教诲和影响密不可分。"邱勇教授的授誉标志着中国骨科走向世界最高水平,并获得了国际认可。这些年来,邱勇已为7 000多例脊柱畸形患者进行了矫正手术,疗效满意,并发症低,并首次利用全基因组芯片技术定位到了与汉族人发病相关的易感基因,以原创性论著发表在2015年9月22日的 Nature 子刊《自然—通讯》(Nature Communications)杂志上。

《人民日报》(海外版)2005年11月25日第六版刊登了记者采访杨惠林主任的一篇稿件。在文章中,杨惠林动情地说,在通往医学殿堂的道路上,唐天驷教授是他最重要的领路人。跟随唐教授攻读硕士、博士学位时,杨惠林把研究工作瞄准了国内乃至国际领先的项目,他的硕士论文是《胸腰椎前路减压内固定的研究》,博士论文是《不稳定性胸腰椎损伤外科治疗的系列研究》。2001年,杨惠林经唐天驷推荐到美国纽约州立大学做高级访问学者,师从北美脊柱外科学会原执行主席、国际脊柱外科著名专家Hansen A. Yuan教授和国际著名关节外科专家David C. Ayers教授。学成归来后,杨惠林在全国率先开展了多项新技术,为许多患者解除了病痛。2010年10月,在日本举行的第七届国际骨科研究学会联合大会上,作为中国大陆唯一入选单位,杨惠林领衔的研究团队在会场设立工作坊,向国际学者介绍骨质疏松性椎体压缩性骨折在球囊椎体成形术方面的最新进展和研究成果。同年在台湾举办的亚太脊柱微创学会第十届年会与世界内镜导航脊柱微创学会第四届年会上,杨惠林获得了大会唯一的奖项——"Vijay Goel Basic Science Award 2010"。

20世纪80年代,唐天驷团队改良椎弓根技术的时候,把自行研制的短节段内固定器械的样品拿到上海,请相关大学的生物力学研究所进行检测,而今天这样的工作在自己学科的研究所就能够完成了。2008年苏州大学依托附一院骨科国家级重点学科,建立江苏省内规模最大的骨科研究所,分别从美国匹兹堡大学、加州大学伯克利分校、美国梅奥诊所、布朗大学、约翰霍普金斯大学、杜克大学、宾夕法尼亚大学等引进生物学、材料学、力学等相关领域的全职特聘教授,按照国际惯例运行,以课题负责人(PI)形式管理,建立了一支多学科、跨领域交叉融合、临床与基础研究紧密结合的队伍。骨科研究所旨在以临床为导向，整合苏州大学、苏大附一院研究力量协同创新，逐步建成基础研究、临床转化和开发应用一体化的高水平产、学、研、管平台。目前研究所已建立了生物材料、生物力学、骨组织形态、细胞生物学和分子生物学五大技术平台。截至2018年3月，研究所已获批"863"项目（首席负责人）一项、国家自然科学基金项目40项，发表SCI论文200余篇。

2011年1月，苏州大学附属第一医院骨科和美国国际脊柱及骨关节研究中心（International Spine & Orthopedic Institute, ISOI）合作成立了"中美合作脊柱骨关节疾病诊疗部"和"骨科国际病区"，引进美国顶级骨科专家进驻苏州大学附属第一医院。一方面，安排唐天驷与董天华、杨惠林等国内著名专家出诊；另一方面，每月常规有1名美国顶级骨科专家到骨科国际病区联合门诊和手术2周。在对一个个具体病人的诊疗过程中，中外专家联袂出手，借鉴经验，取长补短，从真正意义上做到与国际骨科一线的业务接轨。通过国际病区，国外先进医疗设备、内固定或其他创新的治疗方案、成熟的使用经验和明确的失败教训，都在第一时间被掌握，帮助苏大附一院骨科实现弯道超车和跨越式发展。同时，中国医生的先进经验，也通过双方合作，被直接传播到国外，获得国际认可。美国脊柱专家Gupta教授就将苏大附一院团队的温度梯度灌注技术引入美国。

先进的医疗水平使苏大附一院骨科专家经常被国内同行争相邀请开展会诊手术及讲学。骨科经常举办新技术培训班。唐天驷先生的日常服务半径辐射到苏锡常周边地区，影响力遍及全国。他还曾应邀到上海、广州、杭州、南京、徐州、温州以及广西、河南、湖北、山西、江西、贵州、海南、安徽等地的综合性医院会诊、手术，协助解决各种疑难杂症，也被全国多家医院聘为医学顾问。

医乃仁术，医者仁心

2017年7月25日上午8点刚过，唐天驷到苏大附一院总院15楼（西）的骨科国际病区查房。唐先生谝一现身，很多年轻医生就拿着各种病历、片子围了上来，据说大家既想聆听唐主任查房中的指点，又有些怕被他批评。唐先生要求他们进入病房，来到病人床边，必须对病人的痛苦有细微的体察和关怀，诊断要"如履薄冰"，查房时要进行医学伦理学的分析，要反思对病人是否做到了精准诊断和精准治疗。

总院病房很宽敞，采光也好。一位因高处坠落导致胸腰椎爆裂性骨折的病人，手术后已经两天，双下肢不能动弹，属于脊髓损伤不完全性截瘫，保留了导尿管。手术采用的是传统的椎弓根内固定技术，四钉二棒固定。唐先生审阅了手术前后的影像学片子，在肯定了钉棒系统固定准确的同时，也提出了批评意见：术前的片子显示有骨块压迫脊髓，然而这块骨头在手术中没有被复位，如果术后截瘫不恢复，很可能与骨块压迫脊髓未解除相关，势必要再进行脊柱前路手术减压，创伤极大。

唐先生指出，当今对伴有截瘫的病人，除建议减压外，务必进行伤椎椎弓根置钉，提高坚固性，增加顶椎力，可获优良的矫正效果，术后不会令伤椎椎体高度丢失。该病人的手术未完全达到要求，今后必须要引以为戒。"以患者为中心"永远是面对差错时的最佳策略，坦诚面对自己工作中的不足，才能避免更大的失误。

查房结束后，唐先生还要出专家门诊。我们跟随他去门诊，恰好遇到了一个"找不到病因"的女性患者。

这名患者姓陈，32岁，江苏宿迁人，在苏州Bosch公司打工，被爱人用急诊室的移动床推到了唐先生的面前。病人主诉右髋臀部疼痛，曾在多家医院就诊，做了多次核磁共振均未确诊，医生却只让她服用止疼药。病痛已折磨她近两个月，到最后，有门诊医生竟然认为她可能患有"忧郁症"，让其去精神科诊治。

唐先生详细询问了患者的病史，何时突发起病，疼痛剧烈程度；又详细为她做了检查，发现右髋外旋畸形，髋关节前、后压痛明显。然后，唐先生嘱其摄一普通的X线片，片子显示股骨颈部骨质已破坏，结合临床化验及体温，即刻确诊为股骨上端急性化脓性骨髓炎继发化脓性髋关节炎。看到病人被疾病折磨得严重贫血、消瘦，唐先生要求她立即住院手术。

两天后，唐先生亲自为她做了髋关节病灶清除浣洗术，结合抗生素治疗，病人的症状很快得到了改善。术后两周，病人露出笑容，已不觉疼痛。

唐先生说，医学的敌人不是死亡，而是误诊。医生的职业类似于理想的侦探，必须掌握第一手资料（病史和体格检查），要有观察、归纳和推理能力，要有结合知识储备发现疑点的能力。不少医生把MRI（核磁共振）检查错误地认为是"一步到位"，实际上MRI敏感性很高，难以完全满足各科特异性的诊断，从这个病例也可以看出，常规的X线片不可少。生命对于每个人来说都只有一次，因此从诊断到治疗，必须本着以人为本的理念，严谨、再严谨。

唐天驷要求学生和年轻医生在处理门诊病例时必须坚持七项基本标准，包括就诊时间、病人的主诉、病史、体格检查、化验和影像学的诊断、处理意见、医生签字。他一直说，年轻医生不能因为有了电脑就字都写不好，错别字屡见，在病历本上老是写"同上"，那意味着没有好好检查病人，就容易出现误诊、漏诊的情况。曾经有一病人经无数次写"同上"的医生诊治后仍不见好转，唐先生详细地询问病史和体格检查后，发现其臀部有一个肿瘤，经手术后证实为韧带纤维瘤，术后恢复得很好。又如一女性患者两膝关节经关节镜检查，病理诊断为慢性滑膜炎，在病房手术后尚未确诊，请求唐先生诊断。唐先生检查其两膝后，随口问病人两手腕痛否，她说不痛，唐先生随即检查两腕，发现已骨性融合，故不痛了，但是追问病史时得知其过去手腕曾肿痛。据此，唐先生确诊该病人为类风湿性关节炎，给了病人一个确切的结论。

对医生而言，如果在诊治过程中不耐心详细地询问病史、做体检，过早地凭直觉下诊断，或是过分依赖影像学而忽略了理性分析，就可能做出错误的诊断和错误的医疗决策。唐先生以椎间盘突出症为例说，医生在诊断过程中不能仅凭影像学，还要看病患的临床症状及体征、表现是否与影像一致，结合两者判断才能制订治疗方案。医疗差错在医疗实践中永远都不会消失，但每一次教训都会促使医生更加谨慎，考虑得更加周全，并使医疗差错的发生率保持在较低的水平。

在临床医疗中难免会发生差错，那么发现错误之后应该怎么办？早年通信手段比较落后，唐天驷一直要求科室，对骨折急诊复位石膏固定的病人进行地址登记。有一次晨会，读前一天的急诊病人的X线片，他发现昆山的一个病人复位不妥，将踝关节内翻固定误做成了外翻固定，需要重新改换石膏。他急忙让急诊医师查阅登记信息，发现地址漏登，唯一的信息是病人来自昆山，唐天驷命其通过昆山农村广播找人，找到后重新为病人复位。唐天驷说："实际上是我们做错了，病人不但没有意见，反而感谢我们，只要对病人负责，知错就改，病人是能够理解的。"2012年6月，全国首届脊柱外科手术失误与并发症专题研讨会在长沙召开，唐天驷担任会议的名誉主席。会议提出，要坚持实践第一的医学规律，坚持临床出真知的医学方向，不要拒绝失误、害怕失误、回避失误、粉饰失误，要在全社会形成宽容医学失误的风气。要从手术常见失误与并发症的角度着眼，探寻各类疑难手术的最佳解决方案，让曾经的手术失误成为骨外科学新的发展和成功的阶梯。

这么多年来，唐天驷和诊疗过的患者保持着极其良好的关系，不少几十年前在他手上治好的病人，每年都会来看他。面对当前社会上存在的医患关系紧张的问题，唐天驷有自己独到的看法：缓解医患紧张关系是一项复杂的社会系统工程，医生作为这个庞大系统上的一环，应发挥其积极作用。当前，的确有少数医务人员存在素质不高，责任心不强，经济利益驱动，缺乏人文关怀，和患者沟通不够，只重视"病"，不重视"人"等问题。要解决这些问题，必须要做到"严谨治学、谨慎从医，良心为先、技术为后"。

上述这16个字，正是唐天驷2009年2月在《中华创伤骨科杂志》上发表的论文《如何界定脊柱外科"过度治疗"：一个争议的问题》的小标题。在文中，唐天驷指出："我们做医生的，应更理智、更全面地去分析每一位患者的病情，绝不能增加患者的负担，最重要的是杜绝发生与治疗目的相违背的不良反应。能用便宜耗材手术解决的，绝不用贵重耗材；传统有效的手术能解决的病例，就不应该追求昂贵的或不很成熟的新技术。我们要在保证疗效的前提下，尽量避免对患者进行盲目检查和过度手术，以减少对国家医疗资源的浪费，以减轻患者的医疗费用负担。"

在骨外科手术中，放置内固定器械是比较昂贵的，有些医生不考虑病人的实际情况，"该放的放，不该放的也放"。唐先生曾经接诊过一个腰部疑似椎管狭窄的病人，某大医院给出的诊治意见是"立即开刀，否则要大小便失禁、瘫痪"，手术费用估计要24万元。唐天驷为病人仔细检查之后，发现没有典型症状，疼痛时间也短，确定不该手术。他说，如果手术指征太宽，医生选择的干预措施没能带来临床受益的最大化，就不算有效匹配的干预措施。

"无德不成医"，医生治病救人，除了技术外，更为重要的是良心。唐天驷和很多医生一样，手术前常会遇到"塞红包"的情况，有些病人甚至跪在地上求他收下。为了让病人求一个心安，他往往用"前收后还"的策略：手术前收下，手术后如数归还。手术后的病床边，经常听到唐先生亲切的话语："手术我已经做好了，现在已进入恢复期，这钱你拿回去补补身体吧！"他退回的红包不计其数。近年来作为苏州大学的督学和全国多种学术团体的顾问，唐天驷一直强调"医乃仁术、医者仁心"。在他上课的一张幻灯片上画有一架天平，天平左端写着"良心"，右端写着"技术"，"技术"一头高高翘起，"良心"一头明显吃重。他语重心长地说："公元前400多年古希腊希波克拉底说的'我凭着良心和尊严行使我的职业，决不利用我的医学知识违背法规'，对这一誓言，我们每个医务工作者都耳熟能详，要时刻铭记在心。对于医生来说，良心比技术更加重要。"

从医60多年来，唐天驷培养的学生不计其数。每年教师节，唐天驷都会收到遍布全国各地的学生发来的贺卡和短信。2017年9月，2006年毕业的博士生、已经成为辽宁省中医药大学附属医院骨科教授的姚啸生，给唐天驷发来了长长的短信：

尊敬的恩师：

每当学生取得了一点点成绩的时候，就想感谢老师。每当节假日就思念恩师！提前祝恩师教师节快乐！

从各种渠道得知恩师身体健康，活跃在学术交流的第一线，为老师感到高兴！也是师门徒子徒孙的幸福！

学生牢记恩师的教诲，每天努力为骨科患者解除疾苦，坚守医德底线，绝不做不该做的手术。

担任科主任职务以来，注意像老师一样培养年轻医生和学生，关注学生医术和医德的培养。被评为辽宁中医药大学教学名师。

祝恩师健康长寿！工作顺利！永葆青春！

您的学生 姚啸生

唐天驷先生的回复是这样的：

啸生：您离开母校已十余年，您勤奋好学，奉献社会，创造出更好的业绩，老师高兴和欣慰。懂得感恩在人生中何等重要，珍惜拥有，赢得未来，再次祝贺您。

唐天驷

2017年12月，唐天驷应邀到徐州参加当地的骨科学专业学术年会，他当年的博士生、徐州医科大学附属医院骨科的郭开今教授，特地安排了一场"四世同堂"的见面会。郭开今和他带的博士、博士后，以及他带的博士又培养的学生，一起来看望学术前辈。唐先生不仅给他们做了学术讲座，更讲了很多医风医德的问题。

唐天驷的学生、苏大附一院副院长陈亮教授曾经在一篇文章中写道：

2008年，我受中组部和团中央的委派，参加"博士服务团"去青海工作一年。唐老师除要我注意身体外，还特别对我提了两个要求，一是勤勤恳恳工作，踏踏实实做人，不要"假大空"；二是生活要简单，不提要求，不增加对方负担。这也是老师一辈子工作生活的真实写照。在青海期间，对方多次提出装修宿舍和更换家具的要求，均被我以"老师有言在先"为由拒绝。我不是完人，更不是圣人，但老师对待工作生活的态度就像一面镜子，让我经常反省、自我比照，使我能净化心灵，在这个充满诱惑的繁杂世界里能保持平和而良好的心态。

他的另一位学生、苏大附一院骨科主任医师、行政副主任姜为民讲的另外一件事情，更体现了唐天驷从医和从教一以贯之的立场：

老师的性格爱憎分明，嫉恶如仇，原则性极强。他对随意扩大手术指征的倾向是坚决反对的，能用简单的方法解决问题的决不复杂化。有一位张家港来的颈椎病患者，在外院做了不规范的前路手术，三个月后症状依然如故。我作为助手与老师共同参与了手术，我们从原切口进入，取出上次手术植入的钛板和钛笼，彻底切除致压物，植入自体骨骼，用原来的钛板进行固定，只额外增加了一枚螺钉。在外院花了几万元没能解决的问题在老师这儿只用了几千元就迎刃而解了。

2018年1月8日，中共中央、国务院在北京隆重举行国家科学技术奖励大会，习近平总书记出席大会并为最高获奖者颁奖。由苏州大学附属第一医院牵头完成的《骨质疏松性椎体骨折微创治疗体系的建立及应用》荣获国家科技进步二等奖，苏大附一院骨科主任、中华医学会骨科学分会常委、微创学组组长杨惠林教授在北京人民大会堂接受颁奖。这是苏大附一院骨科团队第二次获得国家科技进步二等奖，也是对椎弓根技术的延伸与拓展。

随着人口老龄化，骨质疏松症已成为全球公共卫生问题，其最严重的并发症为骨折，而最常见的骨折为骨质疏松性椎体骨折。仅我国每年就新增此类患者约181万人，预计到2020年将达5 000万人。很多上了年纪的老人可能因为摔一跤或者剧烈的咳嗽就会导致脊柱骨折，这样的骨折很可能让老人卧床不起，也会带来更多的并发症。

杨惠林与老师唐天驷一起，在2000年与国际同步开展微创椎体后凸成形术（kyphoplasty, KP）治疗骨质疏松性椎体骨折。在2003年5月的《中华骨科杂志》上，杨惠林和唐天驷等联合发表了论文《椎体后凸成形术治疗老年骨质疏松脊柱压缩骨折》，文章既介绍了微创手术的方法，也点明了当时存在的难点：微创方法创伤小，即刻缓解疼痛，显示出良好的应用前景；然而KP在当时作为一项新兴技术，穿刺可能损伤脊髓或大血管，灌注骨水泥如果发生渗漏，可引起脊髓损伤或肺动脉栓塞，严重的将导致患者瘫痪甚至死亡。但他们以勤奋与严谨、求是与务实的态度克服了种种困难，最终取得了满意的临床效果。

国内同行普遍评价这次获奖是苏大骨科团队历经13年的接力攻关，再铸辉煌。杨惠林介绍说，这项成果用通俗的话解释，一是使骨质疏松性椎体骨折患者得到了更为合理有效的治疗，目前最年长的接受手术的患者是100岁，极大提升了患者的生活质量；二是建立椎体精准穿刺关键技术，实现对穿刺点、穿刺方向、穿刺深度的精确控制，这正是当年椎弓根技术在"精准医疗"时代的延伸，椎弓根的核心技术是"打钉"，它的前提是脊柱能承受钉棒系统的力量，而骨质疏松的椎体就像"烂木头"，在没法打钉的情况下只能用"水泥"加固；三是建立基于"时间、温度、压强"三要素的骨水泥梯度灌注系列关键技术，实现安全灌注，这也是前面提到的被美国专家引入美国的技术，杨惠林曾经在哈佛大学医学院附属麻省总医院为美国同行演示过这类手术。

医生的辛苦与最大的幸福

2016年11月20日上午，中华医学会第十八届骨科学术会议暨第十届COA国际学术大会举办的"骨科三十年大师讲坛"在北京国家会议中心隆重举行，论坛仅邀请了国内外十余位大师级专家论道，唐天驷作了《腰椎退行性疾病后路融合术的回顾和展望》的主题演讲。近年来除了出诊和手术外，唐天驷先后在西安、上海、广州、北京、成都、深圳、南京、合肥、福州等地讲学，在上海长征脊柱高峰论坛、江苏长江医学论坛以及苏大督学讲坛上畅谈"如何成为一个好医生的人生追梦"，80多岁的他戏称自己也是"80后（猴）"。

唐天驷先生说："我虽率先在国内引进并改良了椎弓根技术，但是对于患者来说，能不用内固定器械的，我就尽量不用。"他举例道，英国《新英格兰杂志》（*New England Journal*）上面发表过一篇文章，找了220位外科医生，问他们如果自己患腰椎病愿不愿意手术，经调查，没有一个外科医生愿意手术。所以医生必须是"对自己要做的手术"才能给病人做，要以病人为中心。还有一篇文章讲到，到底是谁要做这个手术？病人生了病当然需要手术，但是有的病人是可做可不做的手术，有时候是医生想要做这个手术，而不是病人必须开刀。

唐天驷说，患者的信任是我们工作的前提，我们必须尊重生命，保证医疗行为合乎规范要求，才能不辜负患者的托付。有良知、会感悟的医生才是好医生，医生要换位思考，去感受做一个患者的心情。做一个好医生是对每一个从事医疗工作的人最基本的要求，然而要成为一名名副其实的好医生并非易事，是要经过多年技术磨炼和良心修炼的。唐天驷常常引用科学家李四光的话：医生分成两类，一种懂得看病，又懂得病人，为医学家；另一种只懂得开药做手术，不懂得病人，叫医匠。近年来，唐天驷一直在各种场合呼吁加强医生素质教育和基本功训练的重要性，他谦虚地说："我还不能称为一个好医生，但愿意帮助更多的年轻人成为好医生。"

虽然唐天驷学的是西医，但是他认为中医理念中优秀的传统同样需要借鉴，中医的"望、闻、问、切"，在西医中就是"望、触、听、叩"。病史询问和体格检查的临床意义并不亚于复杂、昂贵的辅助化验和影像学检查。现在有些医生动辄让患者做各种检查，这是对患者的不负责任，也是医学伦理的缺位。一个负责任的医生，诊断不仅仅关乎病史和体格检查，还要建立临床和辅助检查结果之间的关联。他引用北美脊柱外科学会（NASS）原主席Richard Guyer的话："技术能使医学失去个性，使医生失去专业技术价值。"

唐天驷经常对学生们说，哪怕是问一个病人腰痛多久了，医患间的对话也有讲究。病人会讲"很久很久了"，那么医生要问"很久"到底是多久呢？要有一个时间观念。病人有时候会回答"记不清了"，医生再问"那么大概是多久呢？"病人可能会答"我生第一个宝宝的时候就腰痛了"，再问"那么生第一胎的时候是什么时候呢？"，再答"是个大热天，夜里生的……"

如果不耐心详细地询问病史，对病人过早地凭直觉判断，忽略了理性分析，就会做出错误的诊断和错误的医疗决策。因此，唐天驷要求年轻医生一定要养成这样的习惯：临床一线仔细观察、汇报；要善于推理分析，提出质疑；要从病人身上学习，病史采集时要耐心引导病人。他还特别强调细节，在体格检查时患者宽衣解带，医生应注意患者的保暖，体格检查完成医生应对患者说声谢谢……

除了感谢病人外，唐天驷还常提起他的恩师。唐天驷说，老师对学生都是有恩的，感恩的内涵十分丰富，会激发一个人无限的精神力量。讲到医学生涯中临床和学术研究方面6位名师的帮助，唐天驷思绪翻腾、永志难忘，感激与温暖并存。

李颢和鲍耀东教授是唐天驷的医学启蒙老师，在大学读书期间，唐天驷听过他们讲课，看过他们手术。他们为了医学研究，为了培养医学人才，不惜以衰朽残年，努力把衣钵传给年轻一代。1955年从南通医学院毕业，唐天驷被分配到哈尔滨医科大学附属第一医院，在小儿外科病区，何应龙老师担任主任并主管这个病区，他学识广博，工作一丝不苟。1956年唐天驷在哈医学报发表了生平第一篇论文，就得到了何教授的指导，受益之大，可想而知。1960年4月董天华教授推荐唐天驷去天津医科大学骨科进修班深造。骨科进修班的负责人方先之教授在学术界有极高的声望，是中国骨科泰斗，名扬全球，他非常看好当时还不满三十岁的唐天驷，经常让唐天驷参与自己手术的麻醉工作。从进修班回到苏州之后，唐天驷走上了骨科专业方向的医学之路。在此之后的数十年，科室由董天华教授带领，两人经常探讨学术问题、合作开展手术，董教授待人亲切和蔼，学术风格严谨，后来也成就了董天华—唐天驷—杨惠林这个苏大附一院骨科主任的"接力组合"。

唐天驷先生在椎弓根技术方面的创新得到全国同道的公认，做出了卓越的成绩，特别得到了北京协和医院前辈吴之康教授的认可。吴教授在学术界有极高的声望，一言九鼎，他在全国学术会议上给唐天驷很高的评价。20世纪90年代初，吴教授积极推荐唐天驷任中华医学会骨科学分会脊柱外科学组组长，任期两届（第三、四届）。在取得医疗和科研成绩之后，中华医学会骨科学分会又积极推荐唐天驷担任分会副主委，江苏的专家能做到全国分会的副主委，这在当时的江苏医学界是第一次。唐天驷说，当时大城市大医院的专家更有竞争力和话语权，吴教授坚持用成果说话，敢于维护自己的信念，敢于坚持真理，是医学同仁的楷模。

除6位恩师给予的机遇和帮助外，唐天驷一直说还有许多人需要感谢，那就是他的病人、同事、学生和家人。正如孔子说的，"三人行必有我师焉""吾日三省吾身"，医疗工作中要不断反省自己有哪些不足或失误，才能加以改进并获得成长。

唐天驷一直牢记：先辈将医学定位为"仁术"，是一个以人为本的学科，仁者人也,仁心爱人之心也,唯仁者寿。因此,做一个医生要有仁爱之心,替他人着想,帮助他人,时刻想着病人"以生命相托"。医生这个职业需要毕生追求,唐天驷常常引用外科鼻祖裘法祖教授的箴言:做医生不难,做好医生很难,永远做好医生更难。从医60多年来,唐天驷给患者的医疗诊治已不仅仅是一种服务(service),而是对患者施与的关怀、关爱和照顾(care)。

唐天驷说,从医生的镜子里,能看到患者的笑容,是医生最大的幸福!能打动病人的只有技术和诚信!唐天驷经常遇到四五十年前的病人,双方见面后都感到格外亲切。虽已到望九之年,还能经常有病人在门诊时对他说"如果您亲自帮我开刀,我就开"。唐先生说,优秀的医生要既懂得看病,又懂得病人,懂得病人的需求。

诺贝尔和平奖得主、著名医学家史怀哲(Albert Schweitzer)说:伟大的医生一定是一位伟大的人道主义者,不仅以他高超的技艺和人格力量在救助病人于困厄,同时,他也在职业生活中吸取着、享受着无穷的快乐和幸福。

大医精诚、大爱无疆,言传身教、桃李天下。这正是唐天驷先生的真实写照。

(写于2018年4月)

专访

早年琐忆

- 当年为我父亲看病的那位郎中还是我们家的远房亲戚，从现在的医学角度来看，他肯定是庸医，他轻易下刀把父亲不成熟的"痈"切开放脓，导致我父亲高烧不退……当我学医后，才知道那是细菌进入血液后引发的败血症。

- 想起那段艰难的日子，母亲起早贪黑不停地做着针线活，靠着手艺赚得微薄的收入，勉强度日。

- 因为我家境贫困，上海学费很高。南通读医科所有费用全免，吃饭也免费，不用家里一分钱。

庸医误诊父亲

陈一（以下简称"陈"） 您老家在无锡，您还记得具体在无锡哪里吗？

唐天骕（以下简称"唐"） 无锡西门外大成村，我两个伯父的房子都在那里，总面积达197.5平方米。因为出生中农，1956年社会主义改造，房子都交给国家了，但70年代后房子都还回来了。我平时基本不去无锡老家，老房子就给两个堂弟他们住了。

陈 大成村在无锡市里吗？

唐 在现在的无锡太湖大饭店后面，以前老的手外科医院附近，蠡园乡（现在的滨湖区）。过去那个地方叫河埒口。

陈 那么您父亲是怎么从无锡到了上海呢？

唐 一来上海就业机会多，二来上海毕竟是中国金融发祥地之一，地方好，出的名人也多。我父亲唐琴逸，年轻的时候为了谋生和发展就带着我母亲来到上海，之后就进入钱庄学习金融。去上海之后，一方面他受到了传统文化的熏陶，另一方面又耳闻目睹了社会上一些进退、应酬的经商技巧，增长了见识。他工作兢兢业业，赢得了上级的信任，很快被提升为钱庄襄理。

陈 但后来是出现了一些变故吧？我了解到您父亲因为生病去世得很早。

唐 是的，非常遗憾。我父亲个子很高也比较胖，平时又不怎么运动，慢慢地皮下脂肪增多堆积，背部感染长了一个"痈"，放在今天算不上什么大病，但在那个年代医疗水平和条件都很差，没有抗生素等药物，在上海经多方治疗无效，无可奈何、走投无路的情况下，不知谁建议我父亲回无锡老家治疗。那时我母亲已经无所适从，只要能把我父亲的病治好怎么都行，在这种想法的驱动下我母亲带着我父亲回了无锡老家。当时那位郎中还是我们家的一位远房亲戚，从现在的医学角

唐天驷的父亲唐琴逸（摄于20世纪30年代），在唐天驷一周岁时，父亲因病去世

度来看，他肯定是庸医，他轻易下刀把父亲不成熟的"痈"切开放脓，导致我父亲高烧不退。后来听我母亲讲，大家看着这种情况都束手无策，只能眼睁睁地看着他离去。当我学医后才知道，那是细菌进入血液后引发的败血症。

陈 这样说您对父亲几乎没有印象？

唐 是的，当时我刚满周岁，对于我父亲可以说一点印象都没有。我现在所知道的关于父亲的点滴事情是从我母亲和姐姐那里知晓的。父亲去世时年仅36岁，事业稳定，有升迁的空间，对家庭肩负着养家、教育培养子女的责任。父亲在世时我们全家过着衣食无忧的生活，他的突然离世对于我们家庭来讲就像是天塌下来了，所有的经济来源一下子断了。由母亲一人来抚养4个不满10岁的孩子，该怎么办？母亲也曾一度崩溃。当她看到4个可爱懂事的孩子，想到我父亲临终的嘱托：你今后的日子难了，辛苦你一定要把我们的孩子抚养长大。想到肩上的责任，再苦再累也要忍耐下去。我母亲贤惠、善良，虽然是文盲还缠过小脚，但她那吃苦耐劳的精神一直支撑着她，为家庭为孩子担负着责任，一定要把4个孩子培养长大。在那个岁月里她受尽了艰辛，靠自己的智慧和勤劳把一个家撑了起来。兄弟姐妹4人中我排行最小，上面有两个姐姐和一个哥哥。父亲去世时我们的大姐也就10岁不到，姐姐和哥哥虽然小，但家庭的突变使他们早早地懂事了，平时力所能及地为家庭为母亲分担。想起那段艰难的日子，母亲起早贪黑不停地做着针线活，靠着手艺赚得微薄的收入，勉强度日。我的母亲给了四个孩子吃饱穿暖的生活，却留给自己很少很少……20世纪30年代，上海物价飞涨，靠母亲做针线活赚的钱根本不够支付家庭生活开支，母亲只能想办法首先保证孩子们的食物，她到豆浆店买些最便宜的新鲜豆渣和面粉搅拌后做成饼，然后在火上烤。那种扑鼻的香味让我们感受到"美食"的味道，但口感就不怎么样，为了充饥我们就当"美食"享用了。现在从营养学的角度看，豆渣是个好东西，营养价值不低。记得母亲忙时会让我们去买豆渣，可豆浆店的老伯总会问这问那，"买豆渣派什么用啊？"哥哥姐姐大了有点不好意思多讲，只能支支吾吾搪塞过去，那老伯哪里知道我们是来做"美食"的啦！60年代初国家遭受严重困难，有些饭店也用豆渣做成了各种颜色的"美食"，这在当时也算是一道名菜呢！

童年的苦与乐

陈 生活是有苦也有乐的,您还能回忆起小时候发生的趣事吗?

唐 在我读小学的时候,妈妈为了生计忙着手里的针线活,那时哥哥姐姐也都在忙着做作业,唯有我刚从学校回来闲着,正好被妈妈抓住去生煤炉,我二话没说就去做了。别看生炉子是个简单的活儿,但它也有技巧,不会弄的话最后可能满弄堂里都是烟,这炉子却没生着。我当时虽小但已经熟练地掌握了这个技巧,每当我完成任务后,妈妈会奖励我一块弄堂口烧饼店做的大饼,哥哥姐姐自然就没有这种特殊待遇了。我虽小,但看到母亲为我们这个家付出太多太多,任劳任怨,我看在眼里,记在心上。所以每当我拿到一块大饼后,首先就想到母亲,总是让母亲先咬上一口。母亲再三推辞,但在我的坚持下只好勉强吃上一小口,可我不从,一定要母亲再来一口,这样我吃到嘴里的大饼会更香,那时的母亲总会欣慰地笑着。

陈 很感人的故事,那么是您的母亲一个人把四个小孩带大?您父亲的兄弟会不会接济你们一点呢?

唐 我父亲兄弟四个,我大伯父在重庆,二伯父在上海福新面粉厂,三伯父也是在钱庄银行工作的,我父亲排行第四,最小。我三伯父有的时候会暗暗接济我们一点,给我们小孩一点钱。过年时,我舅舅在上海,也会给我们几个小孩儿一点压岁钱,其他的(帮助)就没有了。主要经济来源都靠我母亲,后来我姐姐哥哥稍大一些,就帮着母亲一起分担。

陈 您提到母亲会给手帕拷边。

唐 她不仅会拷边,还会抽丝,中间抽掉几根丝就是一个花边,手帕就好看了。这个就是手帕行业里面的一个工艺。

陈 她主要靠这个手艺养活你们四兄妹吗?

这是唐天骊最早的一张照片,当时唐天骊(左一)大约3岁,左二是小姐姐唐芷芳,左三是哥哥唐天骝,左四是大姐姐唐芷芬

大姐唐芷芬和姐夫颜伯勤在台湾

唐 对,她还靠折叠锡箔增加点收入,就是我们常说的"叠元宝"。母亲手巧,折得很快。2016年我95岁的堂姐给我带来一张30年代拍摄的照片,照片里我两个姐姐分别穿着一条连衣裙和一身旗袍,款式不一样,但布料花样都一样,说明是我母亲用同一匹布料亲手做的。

陈 你们兄弟姊妹四个都读到了高中,是吧?

唐 对。

陈 后来的发展情况都怎么样了呢?

唐 我大姐唐芷芬高中毕业后去了当时愚园路523号上海东方经济研究所图书馆工作。当年找工作,学历不是决定性的要素。1949年她随我大姐夫颜伯勤去了台湾,颜伯勤后来任台湾辅仁大学广告学教授,20世纪90年代曾来北京、上海、厦

20世纪70年代,唐天驷(后排右一)、唐莹(后排左一)携母亲与哥哥唐天骝(前排右一)、二姐唐芷芳(二排中)全家在苏州园林合影

20世纪90年代,唐天驷、唐莹(前排中间)与哥哥唐天骝(前排左一)、小姐姐(前排右一)、亲家(后排右一、右二)、儿子唐迪(后排左二)、儿媳李兰迪(后排左一)在美国的合影

在唐天驷教授医学生涯六十载暨八十华诞庆典上,与哥哥(左二)、嫂子(左一)、小姐姐(右一)合影

门等地讲授广告学。2017年11月27日,中国广告协会学术委员会30周年专题论坛在北京举行,会上用大幅画面展示了我大姐夫的遗照,标题是"中国广告学术发展致敬人物——颜伯勤"。他一生辛勤耕耘,开创了台湾地区广告量研究,他撰写的《成功广告80例》在海峡两岸出版,广为传播。

大姐和大姐夫在上海结婚,去台湾后生有一女一子,女儿小名叫甜甜,儿子小名叫蜜蜜。有了活泼的儿女,家庭生活才会快乐、温馨、甜甜蜜蜜。甜甜的大名叫齐家,蜜蜜的大名叫齐国。孔子曰,修身、齐家、治国、平天下。大姐和大姐夫为孩子们取的名字,意在先齐家再齐国。他们都盼望早日实现祖国统一,这是他们的一种信念和向往。甜甜婚后生了一对龙凤胎,蜜蜜婚后生了一女一子,目前都定居在美国。

我哥哥唐天骝高中毕业后去了我三伯父所开的一家宁波路上的上海正中银行,一直在银行工作,1949年后又去上海手帕六厂做会计,由于他工作勤奋负责,后来又调到上海手帕进出口公司,一直到70岁才退休。我嫂子是苏州人,他们有三个儿子,都非常孝顺父母。

我小姐姐唐芷芳当时在上海一家会计师事务所工作，她的专业是会计，小姐夫早年在上海德士古洋行工作，他们有三个女儿。

陈 您说小时候住在上海英租界祥康里，是不是一间租的房子？

唐 对，那个时候的房子都是租赁的，但你也可以订租。比方说用多少根金条订租后，你有权再转租给别人，叫二房东。我二伯父吸鸦片，没有子女，二伯母就与我们住在一起。当时祥康里是上海典型的里弄房子，高墙、石库门，南面一个天井，接着一个客堂，客堂旁边一间叫厢房，后面一间叫后客堂，二楼一个长的叫厢房楼，客堂上面的楼上叫客堂楼。亭子间就在二层上下楼梯交界的地方，亭子间上面是一个晒台，这个晒台也是蛮长的，亭子间大概有20平方米。

陈 鲁迅的《且介亭杂文》就是在亭子间写的，亭子间是上海的特色。您还能回忆起当时的居住条件是什么样的吗？

唐 亭子间都是朝向北的，条件是很差的，我们五口之家居住在亭子间，面积还不到20平方米，亭子间里一张方桌占了大半间。楼顶是平顶晒台，夏天热辐射下来，房间又小又热，除了一扇南窗外，全是北窗，冬天又冷。夏天又买不起电扇，闷热的夏天傍晚，就是靠老天爷下一场雷阵雨，把气温降下来，才能睡上一个好觉。当时上海平民家几乎每家每户床上、棕绷、草席里都有臭虫。母亲半夜就要爬起来，在我们睡的凉席边缘拍打，落下的臭虫就把它捻死，白天有时还要把棕绷搬到弄堂里，用沸腾的开水浇，烫死臭虫。我还记得那时候没有灭虫药，由于卫生条件差，我染上过疥疮。那是一种疥虫导致的疾病，最初只是在大腿根部，很快就遍及全身，奇痒无比，坚持涂了两个月的药，才算根除。我母亲还有一些卫生常识，把我的衣服用开水烫，在太阳下晒，用以杀虫，又叫我一个人睡在行军床上，幸亏没有传染开来。

选择毕生从医

陈 您家里四个孩子都读到了高中,只有您一人读到了大学,您在中学的时候念书的情况是怎样的?

唐 我小学毕业于上海爱华小学,初中就读于上海北京西路国强初级中学,高中毕业于威海卫路民立中学,历史记载周瘦鹃也毕业于该校,该校至今还保留着校名和校址,我们有不少老师都是东吴大学毕业的。我高中在校三年都是在甲班,就是如今的尖子班,我高中同班老同学,至今还能相互联系、问候的,就有一位苏大中文系蔡希杰老师,中学时我俩都是数一数二的好学生。由于生活所迫,我的哥哥姐姐读完中学就辍学工作养家糊口,全家只能供我一人继续求学,对我来讲是有压力的。当然有了压力就更有动力,我不能辜负他们对我的期望。我们兄妹间非常和谐,相互关爱,除大姐在美国已过世外,我们都是八九十岁的老人了。

陈 我在相关资料上看到您初中有一段时间是回无锡老家避难的,您能给我们回忆一下吗?

唐 1944年我读初一时,日寇进入租界,上海成为沦陷区,日本宪兵部就驻扎在梅白格路祥康里弄堂口,靠近南京路跑马厅(现在的人民广场)。马路上都用铁丝网拦住,人力车夫拉着车路过的时候,还要脱下草帽向他们点头。宪兵部旁边还有日本关东军的养马场,马都要钉上马蹄铁。日寇军用飞机不分昼夜地在上海上空盘旋轰炸,母亲只好把我和二伯母一起送回无锡老家避难。无锡也被日本军占领,村里要是来了一个日本兵,手中拿着带刺刀的枪,没有人敢上前打他,因为如果把这个日本鬼子打死了,日寇会对全村实行"三光"政策。抗战胜利后,我返回上海读初二,并得到学校助学金资助,才得以中学毕业。

陈 这么看来您就是在上海出生,一直念完高中才真正离开上海去往另一个城市

初中时代、大学时代和20世纪60年代的唐天驷

生活?

唐 本来我可以留在上海大同大学（后并入上海交大）读化学系。上海以前的私立大学有大同大学、沪江大学、圣约翰大学、东吴大学、同德医学院等，那个时候都是每个学校自行招生，你可以考这个学校，也可以考别的学校。我有一个相处得挺好的同学，他最近刚刚过世，当年我一开始想和他一起去大同大学的。同时我又接到了南通学院医科的录取通知，权衡下来我就选择去南通学医了。

陈 为什么最后选择去南通学医了呢？

唐 因为我家境贫困，上海学费很高。南通读医科所有费用全免，吃饭也免费，不用家里一分钱。读书环境比上海走读更好，看书时间也更长。在报考南通学院医科的简章中，我了解到学校的一段历史，1895年张謇在通州创办纱厂，他认为实业为救国之父，教育为救国之母，主张以实业养教育，以教育促实业。1902年创办了国内第一所师范学校——通州师范，后又创办了南通纺校、农校、医校等10多所专业学校。他认为教育为立国之本，知识创新为第一要素。他在通州办起了图书馆、博物馆、盲哑学校、剧场、公园、医院等，为中国近代教育事业做出了杰出贡献。我选择学医后，感到医生既是平凡的岗位，又是一种神圣的职业，肩负的是人命关天的重任。我父亲病魔缠身时，就是被庸医所害。所以我立志去南通后一定要勤奋学习，事实上我也做到了，我的学习成绩在全班名列前茅，没有辜负母亲和哥哥姐姐的期望与教诲。

杏林新秀

- 当时培养医生都是强调到病人床边才能学到东西，医学大师张孝骞说过"做事要到病人床边"，诊断要"如履薄冰"，的确是至理名言。

- 外科医生必须掌握结扎止血的技术，而书本上教的是很基本的打结方法，我不满足于此，在摸索中练出一种自己独创的打结方法，又快又准，又不会松开。右撇子先学左手打结，结果左右开弓。

- 刚开始做医生嘛，要结合病例翻书学习，当时我所在的哈尔滨医大附一院病房里有两个新生儿胎粪性肠梗阻的病例，国内文献没有报道，我参阅了一些外文文献，做了一个综述，工作第二年就写了一篇关于新生儿胎粪性肠梗阻的文章。

通医纪事

陈 50年代交通工具很落后,您是怎么去南通学院医科求学的?

唐 我乘船去,要花一夜的时间,从上海十六铺大达码头乘长江轮船过去。那个时候很穷,学生买的都是五等舱,只能坐在甲板上,就是所谓散席,没有座位,席地而睡都可以。夏天还可以,冬天就冷了,要到下面走廊宿夜。因为南通姚港离学校近,所以我们都在姚港下船,姚港那时还没有码头,轮船不能靠江边,只能停在江中,再用小船摆渡过去。我们这一届大概100来个学生,分两个班,一个外科班,一个内科班,和我差不多年纪的学生中上海人很多,寒暑假大家不约而同一起回家和返校。有的时候有钱的同学还坐独轮车,人坐在车上,行李也放着,车夫推车,车子会不断发出嘎吱声。车夫要有平衡的技巧,因为路很窄,又不平,一路很辛苦。我们这些没钱的穷学生就走路,背着行李,走得满身大汗。

陈 1950年那一届一共100来个学生,有多少是上海人?

唐 三分之一以上。

陈 上海本地的医学院难考吗?

唐 圣约翰大学还是比较难考的,我没有敢去考,另外它学费也非常高昂,一般都是有钱人读的贵族学校。

陈 您对南通的印象如何?那个学校及医院就是当年张謇创立的吧?

唐 南通地处江苏东南部,处于长江三角洲,东依黄海,南临长江,三面环水,山清水秀。南通由涨沙冲刷成洲,至今已有5 000多年历史,古称通州。建城至今已有1 000多年历史。因民族工业、文化、教育的成就,被誉为"中国近代第一城"。张謇创立了南通学院,其中包括纺织学院、农学院和医学院。纺织学院后来与华东纺织学院合并了,农学院合并到扬州农学院去了,医学院于1957年迁到苏州成立

1953年,唐天驷(右一)在南通学院医科读书期间与同窗留影

苏州医学院,后来南通又成立了一个医学院,现在变成南通大学医学院。

陈 您在南通读书期间有什么趣事吗?

唐 几十年过去了,回忆往昔岁月,依旧历历在目。南通是产棉区,棉花又便宜又好,我去了之后第一年就买了一条十斤重的厚棉花胎,背回家孝敬我的母亲。我母亲睡得暖和得出汗,她还说暖和是暖和,就是太重了些,压得透不过气了(笑)。我在校从不舍得用钱,但过年回家就很愿意花钱。每次过年回家,我好像是旧社会里"跑单帮"的,买些南通的土特产比如香肠、活鸡和猪肉带回去,过年一家人就有好吃的了,让母亲和哥哥姐姐开心。平时在家里,夏天吃的西瓜和南瓜都把瓜子晒干,过年时再炒了吃。虽然经济上不富裕,穷人过穷人的年,却也其乐融融。

陈 您那个时候就有经济能力给母亲买一条十斤重的棉花胎了吗?

唐 这点钱是平时省下来的。我平时舍不得用钱,把钱节省着过年回家孝敬母亲。大学毕业后我被分配到哈尔滨工作,那时候第一年工作的工资是每月53块多,后来59块多,除了伙食费以外,剩下的全部寄回家给我母亲。我有一个同宿舍的同学也是南通过去的,他钱月月光还要问我借,我从来不乱花一分钱,很节约很节约。

陈 您学的是外科,当时的培养模式和现在的医学生培养模式有多大的区别?

唐 现在医学生在校本科阶段不分科,那个时候上课有侧重点,譬如外科班的外科讲得多一点,内科班的内科讲得多一点。外科班要求动手操作能力强,假如自己觉得动手能力比较差的如女同学大部分就选内科了。男生选外科的比较多,晚上值夜班,往往通宵,这是传承前辈精神,一喊就到,救死扶伤,这是医生的职业使命。当时营养条件差,有些外科医生也患了肺结核。住院总医师24小时都要在医院,那个时候的医院制度与现在不一样,我们写病历都是晚上写,晚上完成后第二天早上上级医生查房要查看,一定要在上级医师查房前完成病历书写。现在电脑写病历有模板,个别医生也不重视写字了,错别字特多,音同字不同,比如"建议"写成了"见义"。当时培养医生都是强调到病人床边才能学到东西,医学大师张孝骞说过"做事要到病人床边,诊断要'如履薄冰'",的确是至理名言。现在有的门诊病历,我一看就知道,上一次就诊医生没有尽职替病人查体,病人的记录当中,没有体格检查。我们的病历书写是有要求的,七项标准都应该有。所谓七项标准,分别是就诊时间、病人的主诉、病史、体格检查、化验和影像学的诊断、治疗意见、医生签字。现在有个别医生写病历太简单了,就写"同上、同上",到最后我一看一摸却是个肿瘤,这些医生之前也没有好好查过,以致造成漏诊和误诊,这样对病人确实不负责任。

陈 当时南通学院医科的教学质量如何?

唐 教学很正规,老师知识渊博、技能高超,道德情操也是典范,要求学生字要写得好,写得端正。这是南通医学院老师一贯的风格。因此,我1957年到苏州,在外总教研组工作,对学生要求就很严。汪主任(介绍在场的汪康平,苏州大学附属第一医院原心内科主任医师、教授)当时是实习医生,他字就写得非常端正,我经常表扬他。我甚至要求我带的住院医生X线片图像都要在病历上画出来。我查房时对学生也比较严格,查房很重要,如不重视的话,培养出来的学生基础很不扎实,特别是"三基"问题。我给你举个例子,我有一次值夜班,一个医生半夜里叫我,跟我说病人的髋关节脱位了,无法复位,打了麻醉也复位不上,所以只能叫我来。

我一看，病人裤子都没脱，脱了才能发现问题。等到裤子脱下一看，我就发现病人腿部的肌肉都萎缩了，原来这条腿本身就是有问题的。我追问病人是不是原来走路跷脚（跛行）的，他说是的。其实病人并没有外伤史，值班医师根本没有细问病史，又没有详细地检查，拍的一张X线片也没有拿来，还在放射科那里，待我一看片子，才明确诊断他是陈旧性的脱位，是一个关节结核，不是新鲜的损伤。病人来院就诊时，只说痛，并说刚刚扭了一下，然后（他们）就开始给他复（位），打了麻醉也复（位）不上，怎么能复得上呢？不可能复得上的。他是陈旧性脱位，关节内外都是纤维瘢痕。这就是"三基"没有做好，病史没有问，拍的X线片没有看，没有好好地做一个体格检查。如果髋关节外伤性脱位，必须是非常大的暴力，他说自己扭了一下就脱位了，按常理来说不可能。这位医生实在太不负责任了，我给予了严厉的批评。

勤学苦练

陈 在南通学习时，您印象最深的上课、训练、讲解都有些什么？

唐 我们外科班做动物实验，由同济医科大学董尔昌教授负责授课。胸外科由上海市第一人民医院胸外科主任李颢主讲，在南通胸外科开展了如肺切除、食道手术，还有上腹部手术，都是李颢教授开展的。眼科学是上海第一人民医院赵东生教授讲授的，赵东生在全国眼科界都是有名的，他从胚胎学开始讲起，还倡议开卷考试。南通医学院很多教授都是"跑单帮"的，来学校上课，上完课就走，上课的教授都很有水平。外科医生"打结"的基本功是很重要的，董尔昌教我们打结和无菌技术，虽然现在大多用电刀了，但那个时候做手术，外科医生切开以后血管出血，要立刻用止血钳夹住，马上给每个血管打结止血。现在较大血管的止血也还是要结扎的，打结是打得比以前要少，但还是要打。打结我是从零开始学的，虽然我是右撇子，但我先学的是左手打结。我想，先学左手打结，左手会打结了以后右手肯定会打。医学之父希波克拉底大概在公元前460年就提出，外科医师必须专心用心手术操作，要练习双手完成一切手术。书本上教的是很基本的打结方法，我不满足于此，在摸索中练出一种自己独创的打结方法，又快又准，又不会松开。我敢大胆地说，至今一般在职的外科医生打结都不会比我快。

基本功大都是我自己摸索的，一边学习，一边领悟，一边尝试。我到八十几岁还能开刀，是因为我不断地接受手术新技术，不断地学习更新。与此同时，有些传统的手术现在年轻医生都不会开了，我还坚持开。这对病人来说是最简单、费用最低的治疗方法，同样能达到良好的治疗效果，为什么要放弃呢？

陈 外科消毒概念也很重要吧？

唐 是的，到现在为止还有少数医生搞不清无菌术的基本概念，分不清消毒和灭菌两个概念。什么叫消毒？简单来说，洗一洗手、擦点消毒药水就叫消毒。消毒是指杀灭病原微生物，但消毒并不能杀灭所有微生物（如芽孢菌等）。那什么叫灭菌呢？所有手术器械和手术衣都要放在120度以上的蒸汽高压锅里灭菌，连最顽强的细菌芽孢菌都可以杀死。医生消毒过后的手只是相对来讲比较干净，但杀灭有害微生物并不代表无菌，因此医生还要穿戴经过蒸汽高压灭菌的手套和衣服，接触病人创口的敷料和器械都是经过蒸汽高温灭菌的。个别年轻医生穿手术衣的时候用自己的手拉一下袖管，这是不规范的。因为他这只手仅仅是消毒，不是灭菌，相对来说还是有菌的，手接触了衣服的袖管就污染了（灭菌区域），可能造成病人创口感染。这种基本无菌概念是"外科总论"的基本知识，但到现在为止我还能看到医生不戴手套到器械台上去随便拿取已经灭菌的物品。

陈 您在校学习期间，第五年就开始实习了吧？

唐 对，我在学院的附属医院实习，比较正规的实习训练。

陈 是濠河边上那个医院吗？

唐 对，医院靠近濠河。濠河风景很美，在校学习五年，留下许多难忘的回忆。

以院为家

陈 您毕业以后参加全国统一分配,被分配到了哈尔滨医科大学,但去了两年多就又回来了,当时的情况是怎么样的呢?

唐 大学的时候,我在学校读书比较好,稍有名气,再加上当时学生人数比较少,所以书记和院长都认识我,也很认可我。毕业后我被分配到哈尔滨医大,做住院医师、助教。过了两年多,我十分想念母亲和母校,于是就写信回学校(表达自己的想法),学校的领导和老师都很欢迎。当时周总理对知识分子也有些新政策,在政策允许范围内可予调动,学校就想办法把我调回来了。实际上哈尔滨医大临床外科教研组也想挽留我。

陈 您还记得在哈尔滨医科大学附属医院发生的印象比较深刻的事情吗?学到了哪些知识和经验呢?

唐 我是1955年9月初到哈尔滨医科大学附一院工作的。哈尔滨10月初就下雪了,气温在零下二三十度。我母亲怕我受冻,亲手为我裁制了一条大棉裤,内层还用了旧的骆驼绒作为内衬。但是我到了哈尔滨才知道(棉裤)在室外是需要的,室内全是暖气,第一天上班,病房里暖气很足,我又忙着病房的换药工作,穿着棉裤很快就满头大汗。我写信给母亲说东北室内太暖和了,实在用不上棉裤,母亲让姐姐给我回信,说我送给她的十斤重棉被太厚太重也用不着了,给了我一个玩笑式的反击。在哈尔滨医大,令我印象最深刻的就是那两年的从医经历。那个时候刚刚毕业,对我而言是做医生的起点,一到医院我感觉什么东西都是新鲜的,各科室轮转,普外、胸外、泌尿、麻醉我都转过。当时我主要在小儿外科,有一位比较著名的小儿外科主任何应龙教授(带我),他对我很好。当时北方医院认为南方过去的医生质量都还是不错的,所以我去了以后何老师对我比较看重。当然我自己也比较积极肯干，当时也没什么社会活动，天天泡在病房里同病人打交道，从病人身上学了很多东西。刚开始做医生嘛，要结合病例翻书学习，当时我所在的哈尔滨医大附一院病房里有两个新生儿胎粪性肠梗阻的病例，国内文献没有报道过，我参阅了一些外文文献，做了一个综述，工作第二年就写了一篇关于新生儿胎粪性肠梗阻的文章。当时国内就我报道了两例病例，都是胰腺先天性发育异常，胎粪变得很黏稠，无法排出，因此阻塞了肠道，所以被命名为胎粪性肠梗阻。哈尔滨医大有附一院和附二院，我在市区的附一院，附二院比较远，在郊区沙门屯。当时我在临床外科教研组，还有一位教授是从事胸外科工作的，是教研组主任，对我也非常好。我在哈尔滨附一院时得到这两位教授的认可，我走的时候他们也觉得很可惜。何教授后来因为服用阿司匹林引起脑溢血而过世了。另一位大外科主任徐敬业教授曾到苏州来过几次，徐教授俄文很好。我还记得当时北方都学俄文，护士下班都和我开玩笑，"杜司费达尼亚"（被打趣念成"都是你大娘"），俄文是"再见"的意思。

陈 我看您在关于新生儿胎粪性肠梗阻的论文里引用的资料都是英文文献，这些文献当年好不好找？

唐 还是可以找到的，因为学校的图书馆里都有，大学里都有的，一般医院就没有了。当时原版书少，大多是国内翻版的。

陈 这篇论文是关于新生儿胎粪性肠梗阻，是在国内首次报道吧？

唐 国内应该是没有发表过，因为查阅资料时没有看到过。

陈 这篇文章出来之后在国内有没有引起一些反响和交流？

唐 引起了部分小儿外科专家的关注，哈尔滨医科大学附属第一医院专家教授也予以了肯定。我在小儿外科接触到了不少过去不认识的病，回到母校以后，后来苏州儿童医院的小儿骨科的大部分医生都是我培养出来的，很多手术也都是我去做的，比如先天性髋脱位。我也去南京鼓楼医院做过先天性髋脱位的手术，当时苏州儿童医院小儿骨科的先天性畸形和小儿麻痹症等也都是在我的带领下开展的。国内最早也是最经典的《骨科手术学》一书中，先天性髋脱位这一章节是由我撰写的。由于我在小儿外科临床方面做了一些工作，因此我对小孩儿很有感情。当你第一次接触小孩时，他会很怕你，你不去刺激他，也不给他打针，他就慢慢不怕了。特别是对小孩的病，你必须有耐心，只有与病儿建立了良好的关系以后他才愿意接受你的检查。腹痛病儿，你若摸他肚子，摸到了阑尾的麦氏点，他发出"哦"的一声,说明他感到痛了,痛苦表情出来了,你摸其他部位无压痛,慢慢再摸到麦氏点又痛了,那基本可诊断为急性阑尾炎,急性腹痛的诊断要逐步逐步来。小儿外科工作我比较喜爱,直到现在我还经常会到儿童医院去会诊。哈医大那边学到的不少知识被带到这边来了。苏州儿童医院原来的张院长、王院长对我也很好,有小儿外科的会诊也会同我商量。有一次在江苏省长江论坛的小儿外科的专业会议上,他们还邀请我去做了一些小儿外科专题的点评。

陈 能不能说我们现在苏州儿童医院外科是您一手培养起来的?

唐 外科不敢讲,他们普外科很强,是朱锦祥主任创办的。小儿骨科吧,应该说我是奠基人之一。他们那个时候骨科人少,小孩儿一般都是普外科手术,很少做骨科的手术,先天性髋脱位、小儿麻痹症和先天性马蹄内翻足等畸形都是我帮他们一起手术的,他们也认可是我把他们逐步培养和创建出来的。

陈 1957年您就由哈尔滨回到了南通医学院,后来怎么来苏州了呢?

唐 在南通工作了三个月学校就迁到苏州了。1957年南通医学院迁到苏州,变成苏州医学院,原医院大部分人都没有过来,我们外科就我一个人过来了。

陈 那其他人去哪儿了?

唐 其他人都没过来,留在南通原来的附属医院了。南通后来又成立了一个医学院,这个学校的基础还不错,就是现在的南通大学医学院。我们当时是将教师和医生划一部分到苏州来,另一部分留在南通医学院,有的人也不愿意来,比如当地人就更愿意留在南通,但有的人想来也来不了,当时都服从组织分配。我的几个老师,李颢教授、鲍耀东教授等也都过来了。当时我在外总教研组,先在苏州市第二人民医院带学生,后来大概过了半年不到,就迁到老的博习医院来了,就是现在的苏大附一院。

陈 当时医院是附属在医学院下面的,所以您就跟着医学院过来了?

唐 当时我的编制属于医学院编制。医学院迁到苏州后属二机部管,我的编制是部编。与苏州大学合并后,我的编制属于苏州大学。我们医院是省属单位,还有一部分医生属于省编。

陈 看病,要开刀,还要承担教学、科研工作吗?

唐 对,生理、药理、病理、生物学、解剖等都是前期,后期是临床,接触到病人,所以临床医生与基础科教师不一样,基础科教师不接触病人,临床就是接触病人。临床医生要有人文学科的素养,要会与病人沟通,比较复杂一点。有时病人的变化特别快，需要非常到位的接触和沟通。在美国，外科医生都是西装领带，为什么呢？因为他们接触的都是病人，而在实验室做基础研究的接触的大都是动物和仪器，所以穿着比较随意。有些医生不愿意做临床工作，因为临床工作很苦，上班很消耗精力，下班后常常有急诊，一般博士毕业不奋斗十年的话，根本没有办法做好医生的。医生要成才，比其他专业人士更漫长。医学是一门用尽毕生精力都学不完的科学。要做一名合格的医生，特别是外科医生，一定要有悟性。外科医生一定要能开刀，而且要技术精湛、品德高尚。当然也不能纯开刀，否则医生就成了开刀匠，也算不了好医生。外科基础理论和内科的一些知识都要有，所以有的人说"内科加把刀"就是外科医生。现在内科医生也发展到可以开刀，通过胃镜介入技术进行复杂的手术。医学技术的发展很快，新技术、新疗法很多，但新技术不代表一定是好技术，必须经过循证医学来证实，更重要的是要处处对病人示以诚信与爱心。

扎根苏州

陈 您是到了苏州以后才和唐莹老师结婚的吗?

唐 1957年的时候我和唐莹结婚,我们同龄,又是无锡老乡,当时26岁,在上海办完简单的婚礼后,在苏州成立了新家。她是妇产科医师。我岳父唐振千,是毗陵唐氏的大家族,"千"字辈,他是长子。唐莹受父母的良好教育,虽家境富裕,但生活简朴,工作勤奋。在校期间由于她普通话标准,当同学们还在梦乡之中,她已经到校广播台播音了,"老师们,同学们,早上好,南通医学院广播台开始广播了"。她长得高,在校还担任篮球、排球校队队员。入校第五年她去南京鼓楼医院当实习医生,妇产科著名教授刘本立、邢淑洁都非常喜欢她,师生间怀有真挚的感情,她一直把这两位老师作为自己的楷模来尊敬和颂扬。毕业后她被分配在齐齐哈尔铁路中心医院妇产科。她钻研医术,爱岗敬业,善待每一位病人。1957年调来苏州,她教学有方,上课条理清晰,同学、同行和学校一致对她好评。她的学生对她的上课风采至今仍记忆犹新。

陈 唐莹老师毕业以后被分配到齐齐哈尔铁路中心医院,您在哈尔滨,她在齐齐哈尔,相隔还是挺远的,她会来找您吗?

唐 齐齐哈尔还要往北,她有时候到哈尔滨来玩,乘火车,火车慢得要命,要十几个小时。

陈 1958年到1959年您去到上海胸科医院进修,是谁推荐的呢?

唐 是我的老师李颢教授。他原本是上海第一人民医院的,后来调到南通教学。学生时代我是胸外科课程的课代表,是老师和学生之间沟通的桥梁。他对我非常好,希望我做胸外科,因此就推荐我去上海胸科医院。我到上海胸科医院进修是在肺功能实验室,空闲的时候我会去看胸外科手术,也看他们用人工心肺机做狗

1957年，唐天驷与唐莹的结婚照

的心脏手术实验。那时人工心肺机还是很老的一种设备，是用螺旋管道让气体往上跑，血往下流，通过灌注氧将含氧的血液再送回到人的身体。心脏的大血管阻断后心脏会停止跳动，医生就可在心脏无血的情况下完成手术。如果不用人工心肺机进行体外循环，有些手术也可在病人全麻的情况下将病人的体温降到很低，此时病人的新陈代谢也降到了最低，阻断心脏血流后，手术完毕后病人是可以复苏的。

当时他们也做大血管造影的动物实验，还闹了一个笑话：动物实验血管造影需要在血管内打造影剂，造影剂在血管里随血液跑得很快，要迅速抓拍X线片才行。临床病人在造影拍照时会被要求屏住呼吸，这样拍摄的X线片质量会更好，拍照的技师要在注入造影剂后快速拍照，才能拍到血管造影。在做动物实验，给狗注血管造影剂的时候，拍照的技师习惯性地喊道"吸气、屏住"，一条狗在全麻状态下怎么会懂得吸气、屏住啊？这是技师的条件反射闹出来的笑话。还有一则趣事，我们所在的实验室在医院7楼，楼下是病房，实验室里的狗会叫，我们怕影响病人休息，往往等到手术结束后就把狗的声带切断使它叫不出声，可是过了一段时间，狗声带的功能很快被代偿了，狗叫出来的声音更怪、更难听，病人就更睡不着了。

我当时既去实验室看实验，又去肺功能室为病人检出的结果打报告，对肺功能做一个结论，包括通气功能、换气功能等，有空还去手术室看手术。

当时我是想做胸外科的，因为我老师李颢是胸外科的。李颢教授的手术技术很高超，外交部原部长乔冠华的阑尾就是他开的。解放前李颢在重庆抢救过因肠穿孔引起急性腹膜炎的乔冠华，乔冠华去世后也是通过他才葬在了苏州华侨公墓。1959年我进修结束回到苏州后，董天华主任叫我去骨科，李颢不太高兴，他是希望我做胸外科的。后来去天津进修一年以后我就基本固定在骨科了。当时是领导叫你做什么就做什么，不可能自己选择。

陈 您在上海进修期间，大女儿出生了。

唐 对，我女儿1958年出生，前半年我还在苏北"开门办学"，后半年我来上海进修了。我下乡在苏北的建湖。建湖这个地方算鱼米之乡，但是那时候的老百姓还是苦，一只大缸，里面放胡萝卜，一点点米，弄一根棍子在里面搅，几口人就几碗粥。那哪是粥啊？都是汤啊！1958年搞人民公社、大跃进，报的产量都是亩产2 000斤，农民把所有的粮食都上交了，自己没有粮食，实际上亩产根本没有2 000斤，完全是虚报，那个时候都是浮夸风嘛，弄虚作假。老百姓真的没有东西吃。我们做医生的还有点基本粮食，一个月28斤米，外科医生算半个体力劳动者，再多加3斤，共31斤。我平时在县城开刀多，还可以去县政府食堂吃点东西。那时候外科医生不用干农活，但内科医生都要下去巡回医疗，甚至干农活。巡回医疗期间我多数时候都是在卫生院或县医院开刀。

1958年我妻子生下了长女维维，维维是被祖母一手带大的。我女儿确实聪明,动手能力也强,她刚读小学一年级的时候"文革"开始,书读得不多,但自己非常好学用功。我们那时候天天开会,又要下乡,维维全依赖我母亲教养。我母亲是文盲,我们又没有时间教育子女,更谈不上提升课外素质了,所以她真的是靠自己努力。她从苏州第十中学高中毕业后,按当时市里政策,长子长女可以不下乡,于是她就留在了我身边,自己画画图写写字,跟着祖母学做家务,后来进入苏州第三光学仪器厂工作。她的性格是少说多做,与同事相处和谐,进厂不久后又在苏州业余工业大学读书,完成自动化控制专业的学习,平时爱好书画。1960年儿子唐迪出生,祖母确实有些偏爱孙子,当然姐姐也非常喜欢弟弟。我工作忙,管得少,唐莹对孩子们的家教很严,她会板着脸训导他们,让孩子们更加自律,这对孩子今后是有好处的。我对孩子们比较宽容,会陪他们玩,教他们骑自行车、游泳、打乒乓球和羽毛球,从不会骂他们或者打他们。我觉得对孩子的培养需要宽严结合,没有规矩、不成方圆。

骨科与全科

- 方先之是全国骨科界最老的权威之一，他要根据报名者的学历、经历选拔进修人员，他同意了才可以入学……他亲自授课，包括读片和分析病例，病种有骨结核、骨肿瘤、腰背痛、先天性髋脱位和小儿麻痹症等，使我受益匪浅。

- 那个时候下乡我们也不是光开骨科手术，什么手术都开，只要是贫下中农，就不收钱。我们妇科病手术也做，剖宫产也做，普外科肠梗阻等手术都做。

- 70年代巡回医疗期间，『针麻脾切手术』我做了106例，一例也没有感染，最多的时候一天做9例，这需要扎实的普外手术基本功。

"骨科黄埔"进修

陈 您被董主任选去骨科以后,很快就去天津医科大学进修了,听说天津医科大学叫"黄埔军校"?

唐 是骨科的"黄埔"。全国的著名骨科专家,大都是参加天津进修学习过的,我们科前辈董天华老师是进修班第二届,我是第七届。

陈 在天津一年您一定受益匪浅吧?

方先之教授(左一)在给学员上课(照片来源:《天津医院全国骨科医师进修班五十届光辉历程》,天津医院内部资料)

骨科进修班结业时的师生合影，第一排右八为方先之，左一为顾云伍，左五为尚天裕，第二排左四为唐天驷

唐 我们去（天津）之前都要通过方先之老师的筛选。方先之是全国骨科界最老的权威之一，他要根据报名者的学历、经历选拔进修人员，他同意了才可以入学。去天津以后，方先之老师亲自给我们上课，带我们查房，有时候到了下午4点钟要集中上课学习，但我们门诊走不开，他就会叫自己医院的住院医生来顶替我们，让我们去上课。他亲自授课，包括读片和分析病例，病种有骨结核、骨肿瘤、腰背痛、先天性髋脱位和小儿麻痹症等，使我受益匪浅。他曾说过："我不做院长，我只做科主任，因为我是搞业务的。"他认为做了行政会把业务荒掉，所以他不做行政，只做业务。行政是暂时的，但业务是长久的。

陈 您还在方先之先生100周年诞辰纪念的时候发言了？

唐 因"文革"冲击，方先之六十几岁就过世了，后来纪念他100周年诞辰时我还去了天津并作为学生代表发了言。两个发言的学生代表，一个是北京儿童医院骨科的潘少川教授，另一个是我。

陈 当时为什么把全国骨科的重点培养放在天津医科大学呢？

唐 因为当时一般教学医院骨科只有30张床位。天津医科大学骨科进修班办在天津人民医院，这个医院有骨科床位400多张。当时有400多张床位的骨科，全国就

在纪念方先之100周年诞辰会议上,唐天驷与潘少川(右)作为两名当年的学生代表发言

在2009年天津全国骨科医师进修班50届庆典上,唐天驷(左起)与张育成教授、卢世璧院士、吴汝舟教授、王树寰院士合影

它一家，积水潭医院有200多张，就连协和医院的骨科也只有30多张床位。

我在进修期间还遇到了这么一件事情，北京积水潭医院的孟继懋老师，他比方先之更年长，还有一位在积水潭医院工作的英国专家名叫洪若诗，他们推荐方先之给一位波兰外宾病人做手术。方先之要我负责麻醉，他在手术之前问得很细，他问我明天用什么麻醉，我说插管全麻、用硫苯妥钠诱导。他又问用进口的硫苯妥钠还是国产的，我回答用苏联进口的。他又追问我以前用什么产品，我照实回答，以前都用国产的。他就说，那为什么明天要用苏联的，还是用国产的好了，既然国产的用下来一直没什么问题，就不应改用苏联的，对外宾更不能出一点点差错。这是老一辈的理念，用了很长时间的药品不应立马随便换一种，换了一种品牌万一出问题呢？我原本想用所谓好一点的进口药，结果他还是坚持要用国产的药，这就是他的经验和基本原则。他有很多骨科的基本原则，讲得非常有道理。到现在为止，我关于一些骨科的基本概念和治疗原则都是跟他学的。

后来我能当中华医学会骨科学分会的副主委、脊柱学组组长和中国脊柱脊髓专业委员会副主委，也是给天津进修班增添了荣誉。

陈 当时跟您一期进修的有多少人啊？

唐 大概有五十几个人。

陈 那为什么方老师请您帮他打麻醉呢？是不是证明他对你还是很认可的？

唐 因为我在哈尔滨医大的时候学过、做过麻醉，也会气管插管，进修班中有些人没有做过麻醉，我就自告奋勇了。60年代初他们还没有建立麻醉科，有的全麻是手术室护士长来操作。我自己也没有私心，愿意牺牲观看手术学习的机会而照看病人麻醉。天津医院骨科60年代第一例气管切开，因为没有人会，又是夜里急诊，是我帮他们做的。我动手能力还可以，麻醉、插管我都做，每天都觉得学到了不少新东西，对于学习这件事我非常认真，我什么都要学，学得也比较全面。甚至于后来，尽管我是一名骨科医生，但70年代有一次二机部领导来参观，要求示教一个针麻脾切手术，普外科医生都不会开，我在天赐庄老的附一院做了一例针麻脾切手术给他们看，他们也非常满意。

陈 他们主要是看针麻？

唐 对，主要是看麻醉效果。那个时候用中药麻醉，静注洋金花（一种中药麻醉药），病人基本上都睡过去了，等于洋金花中毒了，现在都不用了。当时响应毛主席号召，学习祖国医学。我在昆山陆桥针麻下切除脾脏以后，病人马上可以走出来，拿着一本红宝书，高呼"毛主席万岁"，但第二天就因术后反应（发热、伤口痛等）爬不起来了。当年我一共开了106个脾切。最近我碰见军区总院的一位麻醉师，疼痛科的，我跟他说我做过106例针麻脾切手术，他就问我病人真的不痛吗？我说痛还是痛的，实际（起作用的）是外科的技术，我可以让肠子不出来，就在一个小洞洞里头做手术，否则病人肚子一鼓，肠子出来就没办法做手术啦，这是外科医生扎实的基本功。有一个病人，当时是在苏州专区医院开刀的，那个时候肖伯萱是我们苏州最老也最有名的外科医生之一，他也开不了。因为脾脏广泛粘连，手术风险很大。

陈 肖伯萱医生也无法切除这个脾脏？

唐 对，给病人上了半身麻醉也无法切除脾脏。

陈 那怎么办呢？请您去手术了？

唐 不是。这个病人后来在乡下，在昆山千灯镇，叫沈金宝，大家都叫他阿金宝，是养牛的。

陈 就是说第一次上了麻药但是没开成功？

唐 在苏州没开成功，因为粘连无法摘除，只能把创口缝起来了。若再手术，粘连更多，困难更大。后来我到千灯巡回医疗碰到阿金宝，他下定决心要求手术，我就帮他开了。在昆山千灯卫生院，我开了整整12个小时才把这个脾脏切下来，还是在针麻的条件下。开刀的时候阿金宝六十几岁，后来活到七十几岁。他儿子到现在和我还有联系，经常介绍病人到我这里。我记得之前他介绍了一个股骨颈嵌插型骨折的病人，当地医院要他开刀，我去乡下看了，病人骨折稳定，帮他免了一刀。

陈 您在天津医科大学学习一年就回来了吗？

唐 1961年4月回来的，回来以后就专做骨科了。在骨科开展了一些我们原来还没有开展的手术。

陈 比如说？

唐 脊柱、关节、结核。那个时候结核比较多，脊柱结核发生在颈、胸椎的病人会瘫痪。瘫痪的病人经我们手术以后，百分之九十以上都能恢复。

陈 骨头里面长了结核？长在哪里？

唐 骨结核好发在脊柱、髋、膝关节，但以脊柱最多。当时我开展了脊柱侧前方减压手术。原南京军区总医院主任范国声写了一本关于骨科的专著，里面就介绍了这个手术还只在国外开展过。60年代后我们也开展了这个手术，术后大多数瘫痪的病人都恢复了。当年经我治好的一个叫范锦元的病人，他住在常熟张桥，小名叫阿咪，开刀时33岁。当时他高烧不退，脊柱两旁都有大脓包，我帮他开了两刀，效果很好，到现在还健在，已经70多岁了，他一直介绍其他病人到我这里来看病。看好一个病人，这个病人就会介绍其他病人到这儿来看，因此门诊的病人会越来越多；如果开坏一个病人，人家都说你不行，病人就不会来找你。病人和医生应建立良好的医患关系，医生应该钻研业务，考虑如何帮助他人渡过难关，不求回报。

"医疗下乡"岁月

陈 60年代以后您经历了"开门办学""除害灭病",那是一段怎样的经历?

唐 "开门办学"就是学生和老师都要接受贫下中农再教育,医生要下乡。这在当时是响应毛主席的号召,1966年后把医疗工作的重点放到农村去。放到农村去以后我们要在很困难的条件下看病,很多农村卫生院比如昆山的千灯、陆桥就只有一个手术室,为了使病人不受冻,冬天要烧一个火炉,都是烧的蜂窝煤,使房间室温慢慢升高,温度高了以后我们在里面就可以开刀了,否则病人受不了。那个时候条件真的是很艰苦,没什么通风净化设备。有一次清洁工人进来打扫,出去后竟然昏倒了。为什么呢?因为他受不了里面的血腥味、来苏尔药味。那个时候下乡我们也不是光开骨科手术,什么手术都开,只要是贫下中农,都不收钱。我们妇科病也开,剖腹产也开,普外科肠梗阻等手术都开。夏天呢也没空调,用个电扇,有时候怕电扇有灰,对着伤口吹也不好,我就只好双脚站在装满井水的木桶里降温,也管不了寒气入脚。我们一下去就在农村待了8个月,我做针麻脾切手术,分离好脾脏、胰尾与脾血管。不少医生很怕胰腺附近毗邻的血管大出血,就把胰腺尾部和血管一并扎掉了,胰腺坏死后有渗液,渗液渗出来引起膈下感染。膈下感染属于很严重的感染,因为上腹部位置高,在横膈下面,都是脓,病人就会发高烧,毒性反应很大,还要插管子把脓引流出来。当时大概有百分之十五的发病率。我对此进行了改进,术中把胰尾剥出来,不扎胰尾只扎血管,当然这个技术要求高一点,血管扎好以后,胰尾毫无损伤,胰腺液就一点也不会渗出,也不会导致膈下感染。我开了106例,一例也没有感染,最多的时候一天开9例,这需要扎实的基本功。实际上针麻的效果并不好,但是手术轻巧熟练,动作快速,使得手术得以顺利完成。假如是手术技术不高的医生,开这个刀肯定开不下来,会下不了手术台。我的基本功应该

"开门办学"期间,唐天驷(右一)在授课

讲比较好,在手术刀切开皮肤的一瞬间我嘱咐病人吸气屏住,肚子往上拱的时候我就快速地一刀下去了,切开腹壁各层,不能损伤肠子及内脏,不让肠子涌出来,顺利完成脾脏切除手术。在我即将回城之际,陆家(过去叫陆家浜)那里喊我去开刀,有6个待脾脏手术的病人,他们问我用什么麻醉,我说什么麻醉都可以。最后他们选了半身麻醉(硬膜外麻醉),我开起来十分轻松,很快就把6个巨脾症病人的脾脏顺利切除了。

陈　下去的8个月当中,能回来吗?

唐　回来的时间很少,除非是有假期,比如国庆啊,有个短假,那个时候也没有7天的长假,来回两天,只有长途汽车。

陈　是不是有时候还要坐船呢?

唐　从千灯、陆桥出发,都必须先乘船到昆山城里,再换乘长途公交车到苏州,全是石子路,汽车没有空调,夏天车窗必须开着,全身是灰。甚至我还遇到过老人被颠得发生脊柱骨质疏松性骨折的。

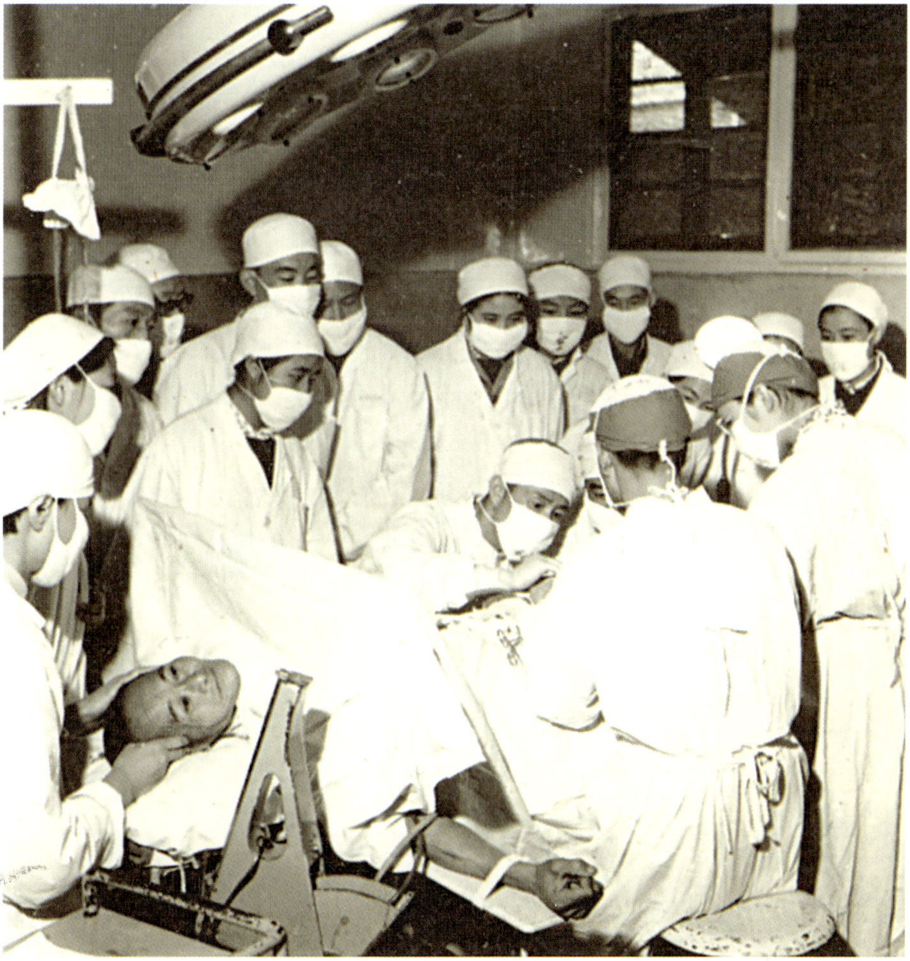

在农村"除害灭病"巡回医疗防治血吸虫病期间,唐天驷(图中主刀者)带教工农兵大学生,在卫生院为贫下中农手术

陈 也就是说你们这个小组就是在千灯、陆桥开刀?

唐 千灯也有,针麻脾切手术我在陆桥做得多。

陈 那么千灯和陆桥哪一边去的次数比较多呢?

唐 差不多,可能千灯我去得多。我们去千灯的时候,一上船周围的农民都知道我们是医生。他们怎么知道我们是医生的呢?因为我们身上都有一种特殊味道,医院里头当时都用"来苏尔"消毒,在病房和手术室工作,身上都渗透着"来苏尔"

的味道。

陈　当时去千灯和陆桥的小组有多少人？

唐　我们一个手术组四人，他们当地有两个男医生和两个女医生。

陈　那四个人是不是赤脚医生？

唐　不是赤脚医生，有两个都是南医毕业的。

陈　那么算是乡镇卫生院的？

唐　对，南医毕业的两个医生，还有两个是手术室护士，是他们当地的基本工作人员。我们自己有两个外科医生，我和洪天禄主任，还有两个护士，这样四个人一组可以配合手术了，那么总共八个人，分两个手术台，同时进行脾脏手术。

陈　您能具体说说你们八个人是怎么完成脾切手术的吗？

唐　那个时候厉害到什么程度呢？贯彻领导指示"医护一条龙精神"，把医生护士变成"一条龙"，医生带护士开刀，护士在我们的指导和帮助下也能把脾脏切下

1975年在昆山"开门办学"，唐天驷（前排右三）与工农兵大学生在一起

来了。"医护一条龙",还要加一个"工"字,手术室大扫除、清扫工作我们也全包了。我们对手术是很认真负责的,很幸运我们的病人没有一例死亡。

陈 当时病人多吗?

唐 当时脾脏肿大的人多得不得了。病人一个个脸像黄瓜,肚子像冬瓜,两个手挂在旁边像丝瓜,瘦得不得了,都是贫血。昆山阳相殿东有一个村,村民患病去世得太多,变成了"无人村"。因为贫血血小板减少与脾功能亢进有关,把病人的脾脏切掉以后他们的贫血就会好了,所以这种脾脏一定要切除,否则门脉高压,会引起食道静脉曲张破裂,大吐血死亡。

陈 您不下乡的时候还要在苏医附属医院工作吗?

唐 对,当然还是要工作的。

陈 这样的情况持续了多久?

唐 将近10年,是大家轮流去下乡的。

陈 后来什么时候返城后就不去了呢?

唐 1975年前后,工农兵大学生就不再招生了。我在昆山上课带教培养工农兵大学生,现在看来有不少是非常优秀的,有的现在在国外,还有的当上院长等领导干部。比如我班的乐卫东,在上海瑞金医院,出国后又回来了,在大连医学院任副院长,专门研究阿尔茨海默病(老年痴呆症)。他们确实都很优秀。

陈 工农兵大学生都不来苏医附属第一医院上课吗?

唐 我们都是下去住在昆山人民医院教他们,我同蒋文平主任一起,还有陈明斋院长,以及现在已过世的卢君健、朱祖明主任等,与学生同吃同住同劳动,大家打成一片,业余时间打打乒乓球,他们有时还打不过我们这些老师,我同另外一个内科医生组合双打,他们还输给了我们。

"针刺麻醉"辩证

陈 您做的脾切手术是自己针麻吗?

唐 针麻是由麻醉师操作的。我们开刀就不管麻醉了。麻醉师做针麻,手术一开始先往静脉里推注50 mg的杜冷丁作为基础麻醉,再加针麻。实际上针麻的作用是不大的,我们外科医生本身的手术技能熟练更重要。我曾听说过,有一次昆山人民医院有个膀胱结石手术,与脾切相比属于比较容易的手术,因为上腹部解剖复杂,病人呼吸在动,肠子一出来就很难回纳,而膀胱手术在下腹部,与腹腔内脏无关。那次手术麻醉用的就是针麻,麻醉医生还没有开始针麻呢,急诊室突然要他去做气管插管抢救一个病人,他就奔出去插管了,等他插好回来,膀胱结石已经取出来了,手术基本结束了。根本没有打麻醉,手术倒也完成了。

陈 那这个病人硬是忍住疼痛咯?

唐 应该是。所谓针麻,实际上主要是精神因素。那个时候我们做脾切手术,病人不花一分钱,全是政府出钱,所以每一个病人来卫生院,都没有其他麻醉选择,只可以针麻。现在想想(我那时候)胆子也比较大,因为年轻嘛,三十岁多一点,加上自己比较肯干,手术基本功也算过硬,手术动作比较快,我一上台,手术室护士就很紧张,怕跟不上我的动作。我一个手伸出去要拿缝针,缝针一定要穿好线。我缝得快,第二个针线又要跟上,护士有时会来不及。有次也是开玩笑啦,有个姓王的护士拿了没有穿线的空针给我,她讲我自己把线拉掉了,实际上是她来不及穿,拿没有线的空针来"忽悠"我。我打结特别快,打结缝合这些动作也都非常快速灵巧,外科医生的手术基本功很重要。我院乳房专家高主任主刀的第一个甲状腺手术是我帮他做的,我至今还记得那个病人叫朱燕。那个时候我们在光福窑上大队,我们老主任鲍耀东也同我们一起去的,一个队近20人一早上就要起床军训操练，下午就替当地老百姓开刀。发动机是我们从医院带过去的，启动时要用绳抽拉，开刀就拿两个方桌拼起来（作为手术台）。还有比如说，张志德教授，他是一位博导，现在也退休了，还在老博习医院的时候，他的第一个脾脏手术也是我帮他做的。这些都说明我的普外科技术还是可以的。

临床与科研

- 在临床一线工作有一点好处就是能够发现问题,为了解决临床疑难问题,思路就来了;当你产生新的理念,写论文的题目也就有了;再辅助查阅参考文献,论文初稿也就完成了。

- 有一次在广州开一个全国会议,很多专家去广州中山医科大学会诊一个病例,大家都说要立即开(刀),前后路联合手术,我坚持要穿(刺),穿刺结果是淋巴瘤。淋巴瘤是禁忌手术的,不需要开刀,病人免除了不必要的手术的痛苦……

- 美学确实把医学提高到了艺术境界。你看人的脊柱两边都是对称的,对称会产生自然美,如果是斜的,就是一种破坏美感的不平衡。医生把病人的畸形矫正了,并不是纯粹的手术技术高明,这也是接受一种美学的理念,是对美的欣赏。

科研源于临床

陈 您母亲来苏州帮你们带小孩儿的那段时间,可否说是她一生中最轻松的时候?毕竟经济上没有压力了,您当时的收入怎么样?

唐 我母亲来苏州时还只有50多岁,家务她全包了,也非常辛苦,但是享受了天伦之乐,也笑口常开。我确实很孝顺母亲,有些家务我会抢着做。

1962年,唐天驷(抱着女儿唐维维)、唐莹(抱着儿子唐迪)与母亲合影

当时我工资是每月75元9角,我爱人是66元。我的同班同学都是66元,只有我高一级,因为"文化大革命"之后晋升均停止了。

陈 为什么呢?

唐 我升得早。我1955年毕业,1961年我就升了讲师和主治医师。

陈 您来苏州的时候已经是主治医师了?

唐 不,我1957年来苏州的时候还是住院医师、助教。现在主治医师仅是中级职称,副高才是高级职称,但在当时没什么副高、正高的职称,主治医师就是高级职称。升到主治医师,就像国外一样,什么病都要主治医师来决定。当时我一个月75元多,物价又稳定,小馄饨6分钱一碗,生活条件已经是很好了。

陈 您平时的工作大概就是看病、手术,另外就是带学生、做科研,是吗?

唐 我们那个时候是做临床科研,还没有实验室做基础研究。当时不像现在病例可以用计算机处理,医生都要自己记下来,并且要留下病人的X线片和地址,否则资料都没有。在临床一线工作有一点好处就是能够发现问题,为了解决临床疑难问题,思路就来了;当你产生新的理念,写论文的题目也就有了;再辅助查阅参考文献,论文初稿也就完成了。我们当时从来没有过造假或者抄袭的想法,全是真实的资料。

骨科和生物力学的关系很大,后来我们在研制各种内固定的时候,除了设计新的器械之外,还要分析它的力学性能。譬如,我们早期曾经给椎弓根螺钉进行加压载负、旋转、侧屈等检测,看能否达到三维固定效果,研究螺钉为什么容易断,又如何去改进。那个时候我们在上海大学有一个合作的生物力学实验室。为了防止断钉,我们做了研究。原来的螺钉后面半段也是有螺纹的,那么当然容易断,所以后来我们就让螺钉只在前面有较深的螺纹,后半段的螺纹变浅,这样断的概率就比较小了。再比如,本来螺钉的直径是 5 mm,现在提高到 6~6.25 mm,这样也就不容易断了。你看这本Dick写的书里面,断螺钉也是很多的。Roy-Camille医生最开始置入的长钢板螺钉很多都断掉了,后来改用了短节段的棒,断的现象就少了。这与用棒的长节段固定在力学上有点差别,长钢板与螺钉间产生"肘节活动",很容易断钉。

现在我们自己成立了一个研究所,这个研究所是由苏州大学支撑的,技术条件都很尖端,有组织细胞培养、构建实验模型,常用的生物学技术有电镜、Micro-CT、3D打印和生物力学测试等,现在骨科需要的测试都在里面做,我们引

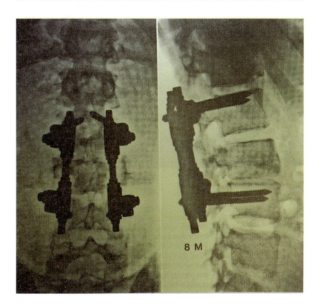

这本瑞士专家Walter Dick在1984年用德文写的《脊柱爆裂性骨折的内固定》，为唐天驷当时的研究拓展了思路，左图为书中的短节段椎弓根内固定的X线片

进了六七位从国外学成归来的人才。

陈 也就是说，当时要把设计好的内固定模型拿到上海去，等实验数据出来，回来再修改？

唐 是的。那个时候的科研就是这样的，以内固定为主。80年代初我们尚未引进国外的新器械新技术，所以研究方向大致就两个，一是临床病例回顾性研究，一是内固定设计和生物力学测试。当时我们都是用临床病例分析作为科研的材料，连实验室都没有，70年代以后我们医院脑外科才有实验室。当时没有基础研究，都是临床研究，也就是把病例作为研究的对象。我曾写过一篇100例髋关节融合手术的论文，这个手术现在做得很少，是一种经典的传统手术方法。最近我还碰到我以前的病人——苏州交通局原副局长的爱人——我帮她做了髋关节融合术。那天在医院遇见了，我问她最近怎么样，她说你还记得呀，我说我给你做过髋关节融合手术我当然记得，她说"唐主任我到现在一点都不痛"。她术前本来非常痛，不能走路，要用拐杖，我给她做了融合以后就不用拐杖了，上公交车方便很多。

陈 您说髋关节融合术是传统手术，那么现在是什么做法呢？

唐 现在实际上有的时候也还是要做融合，因为有的病人没有条件做人工关节，比如有感染史的病人，做人工关节有风险。融合术基本不放内置物，虽然有时候会用一个有利于融合的长螺钉固定，但总体来说病人的手术费用比较低。髋关节手术后我们要求达到三个目标：能负重，能活动，不痛。做融合可以达到两个（目标）：能负重和不痛，但关节不能活动。当然，现在有条件做人工关节的都做人工关节了，这是首选方法。但是一旦病人无法做人工关节，那么只能做融合。我记得有一个病例，张家港第一人民医院的一个小护士，18岁的时候因外伤造成股骨颈骨折，她在上海做了人工关节。当时人工关节技术其实还不是很成熟，零件都是国产的，后来关节磨损、松动、脱位，里面真的一塌糊涂，导致无法走路。18岁的年轻女孩子怎么能做人工关节呢？人工关节都是给老人做的。她到各大医院去看都没办法了，后来我替她做了一个关节融合术，融合以后上了石膏裤就逐渐康复了。康复之后她还到常州卫校读书，毕业以后在张家港第一人民医院心电图室工作，后来她自己出去创业了。近年她来看过我，腿一点也不痛了，但做过手术的下肢短一点。这种传统方法还是很好的，我总结了100例，都做了随访，并写成论文在《中华骨科杂志》上发表。我在全国做的病例数是最多的。

陈 这个是什么时候的事情？

唐 80年代初。

陈 您所记录的100例病例都是您接诊过的临床病人,是吗?

唐 这些病例都是非常真实的,我几乎随访过每一个病人,有一个做了融合的病人,我印象很深刻。我那时候问他感觉怎么样,他说他能从木渎善人桥出发,骑自行车,后座上带一个人,到苏州小公园来看电影《红楼梦》。那个时候文化生活还不够丰富,改革开放后《红楼梦》是爱情片,看的人是不得了,都抢着看。可见这个病人对恢复的程度应该是很满意的。

陈 100个病人是通过什么方式随访的呢?当时通信也不是很发达。

唐 那时唯一的通信工具就是到邮政局发信。当时人的居住地址不大会改变,没有拆迁,没有很多新建房,地址一般不变。现在就麻烦了,人口流动太快,随访病人就很难了。

陈 随访一般要几年呢?

唐 一般5年以上算长期的,5年以下不算长期,我做的都是长期随访。我是从天津进修回来以后1961年开始做这个手术的,那个时候做这种手术也很辛苦,手术设备差,也没有电刀止血,血管都是手工一根一根扎起来打结的,病人做融合既没什么内固定,又没有合适的器械,手术结束后还要上石膏裤,要三四个月才能长好拆除。那个时候夏天没法儿开(刀),只能让病人冬天来开(刀),因为夏天出了汗病人会很难受。有些病人患有髋关节结核,股骨头已经被破坏,烂掉了,像这样的情况要做融合很难。我在天津进修时老师们都说融合不起来,但我改良了手术技术,把转子部骨头打断,不但可以矫正畸形,还可以使应力消失,关节融合处骨头反而长得更快了,最终融合都获成功,这个是我改良和创新的地方——股骨头没有了也还能融合。2018年9月我还去儿童医院和王晓东副院长一起为一名12岁的女孩做了髋关节融合术,畸形也做了矫正。

手术技法创新

陈 接受融合手术的病人在年龄上有限制吗？

唐 不超过60岁，60岁以上的人腰椎退变，腰硬了，效果不是很好。年轻病人的腰部活动好，可以代偿髋关节僵直，术后甚至还可以骑自行车。所以我们一般要求60岁以上就不要做了。那个时候60岁感觉已经很老了，现在七八十岁也不老，时代不一样，平均寿命延长了。

在唐天驷教授医学生涯六十载暨八十华诞庆典上，与李佛保教授（右一）、邱贵兴院士（右二）、张光铂教授（右三）、胡有谷教授（左一）、党耕町教授（左二）、卢世璧院士（左三）合影

陈 可以说从60年代到80年代初,这是您整个工作生涯当中有代表性的科研阶段吗?

唐 是的,譬如椎体穿刺针吸活检也是我的一项研究成果,在70年代是一种比较新的介入理念。介入就是病人在影像学支持下经皮穿刺,采用微创技术来诊断或治疗疾病。我所做的就是通过脊椎经皮穿刺活检技术来判断是肿瘤还是其他病变。那个时代穿刺仅靠在荧光屏下面透视,我也自制了一个穿刺定位器,针刺活检阳性率达75%。有一次在广州开一个全国会议,很多专家去广州中山医科大学会诊一个病例,大家都说要立即开(刀),前后路联合手术,我坚持要穿(刺),穿刺结果是淋巴瘤。淋巴瘤是禁忌手术的,不需要开刀,病人免除了不必要的手术的痛苦,化疗后病人现在恢复得很好,已在中山附一院任副院长。假如我不提反对意见,前路后路都做手术的话,那这个人就残废了。该院的骨科老主任李佛保教授对我讲"姜还是老的辣"。

2018年9月参加李佛保教授从医从教60周年庆典,左起:劳汉昌、李佛保、贾连生、唐天驷、胡有谷

后来我在贵州举办的第一届脊柱外科年会上交流了这个病例。当时《中华外科杂志》的编辑部主任廖有谋(他是江苏医学院毕业的,现在已经过世了),对我交流的这篇文章非常感兴趣,就要我投寄给他,后来这篇文章在《中华外科杂志》上发表。那个时候谁敢在脊柱里穿针呢?都是大血管和脊髓,影像条件又差,只能靠荧光屏透视,没有C臂机,我是在条件很差的情况下完成了高难度和高精准度

的技术。当时上海也有病人到我院来穿刺,因为只凭X线片无法做出正确诊断,只能穿刺,抽出来组织块做病理检查。最近听说有一个病人,颈椎椎体上长了一个肿瘤,到上海某医院挂了专家号也仅看了两分钟,医生跟病人说要开刀。这个病人不愿意开刀,到美国去做了一个穿刺,结果是单发性的骨髓瘤,只要放疗就好了,若开刀又是一个很大的创伤。所以任何脊柱上的肿瘤都要先知道它是什么性质的,再判断是否必须手术,这才是精准的治疗。

现在有个别医生,不该开的(刀)也开。最近有一期英国的《新英格兰》杂志

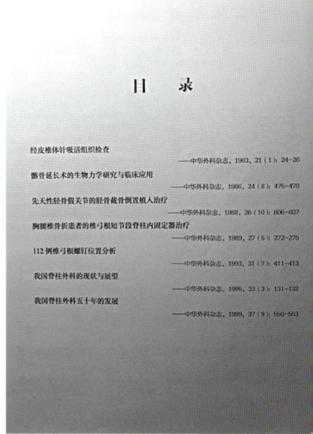

2016年1月,《中华外科杂志》在创刊65周年之际,特意为在中国外科学事业做出卓越贡献的老前辈出版了纪念文集,唐天驷获此殊荣,文集收入了唐天驷从1983年至1999年期间在该杂志发表的七篇具有创新性的论文

上发表了一篇文章，找了220个外科医生对做手术意愿度进行调查，在"患腰背痛是否愿意接受手术"的选择上，没有一个外科医生选择愿意接受手术。所以作为医生，对自己也认为确实要开的刀才能给病人开。最近我还看一篇文章中讲到"到底是谁要做这个手术？"，生了病当然需要手术，但是有的病人的情况是可做手术可不做手术的，或根本不需要做手术——最终结论是，有的情况下不是病人想开刀，而是医生想开刀。现在有些医生想从病人身上获利，这种想法和行为实际上已经触及了做医生的底线。就我个人而言，虽然我在国内首创椎弓根内固定技术，但我不到万不得已不会使用，为的就是帮病人节省费用。七八十年代我还在做科主任的时候，推掉的病人给的红包大概就有十几万，那个时候都有护士长做统计记录的。其实你把红包还给病人，他们是能接受的，送红包实际上都是病人在开刀前求个放心，"你帮我开好一点，谢谢你"，开完之后，我把红包退回给他们并说"你们自己买点吃吃吧"，他们就笑笑并收下了。我记得只有一个病人硬要塞给我，是一个老师，当时住在人民路文化官对面的老公房，手术后他很快就出院了，红包我还没有来得及还给他。我就按照地址找到他家，晚上把钱还给了他。他第二天又来找我，钱虽不多，但他真心表示内心的感激，怎么推辞也不行，这反而使我感到更为内疚，受之有愧。

医学更是人学

陈 您这些年研究的新技术,在医学界产生了比较大的影响。其中,椎弓根内固定技术构成了脊柱系列手术的基础,是吗?

唐 我们的系列研究包括腰椎滑脱,还有峡部裂直接修补,球囊和骨水泥也是利用椎弓根技术的,颈椎椎弓根技术、骶骨肿瘤、靶血管栓塞是利用介入技术,现在矫形都用椎弓根技术,这项技术是国内外学者所公认的。

陈 就是说在大多脊柱外科手术上可以把椎弓根技术的方法用上去,是否可以这样理解?

唐 是的。90年代就用在畸形矫正上,其他如腰椎滑脱,我们开展得比较早,不但可以复位,而且由于固定得牢靠,可以提高融合率。

陈 滑脱是什么意思?

唐 原本每一个脊椎应该是连着的,一个接一个成一个柱,就是脊柱。滑脱特别好发在腰椎第四、第五节,大多是峡部崩裂或退行性病变导致的滑脱。上一节脊椎向前下方滑移,根据滑脱程度分1~4度。

陈 您能否介绍一下经皮椎体成形术?

唐 我国已进入老龄化社会,老年人容易发生骨质疏松性骨折,发生在脊柱,叫骨质疏松性椎体压缩性骨折。经皮椎体成形术,是经过皮肤做 5 mm 的切口,建立一个椎弓根通道,这个是微创技术,将骨水泥注入椎体内,不采用球囊,直接注入骨水泥,称为椎体成形术,英文缩写叫PVP。用球囊扩张后再推入骨水泥,可使压缩的椎体恢复高度,则称为椎体后凸成形术,缩写是PKP,这个技术比较安全,骨水泥的渗漏率低。

陈 那这两个都是微创咯?

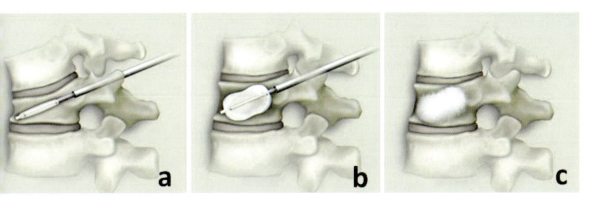

PKP手术操作流程简介：a. 经皮穿刺骨折椎体置入球囊；b. 扩张球囊骨折复位；c. 灌注骨水泥固定骨折椎体

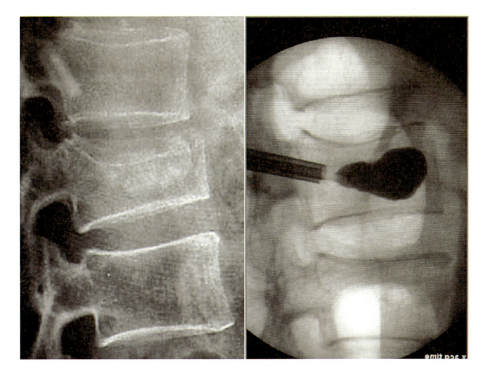

PKP手术中的影像：患者腰椎第二节发生骨质疏松性椎体骨折，经皮置入球囊扩张后骨折复位，并立即止痛

唐 对，都是微创。

陈 脊柱畸形矫正是不是必须开刀？

唐 要根据畸形程度。如果矫形当然必须通过手术，但是手术有一定的适应证。

陈 我看到邱勇主任写的一篇文章里，把矫正上升到了美学高度，我觉得他这样的表达是有思想性的。

唐 美学确实把医学提高到了艺术境界。你看人的脊柱两边都是对称的，对称会产生自然美，如果是斜的，就是一种破坏美感的不平衡。医生把病人的畸形矫正了，并不是纯粹的手术技术高明，这也是接受一种美学的理念，是对美的欣赏。手术成功，医患双方都会感到愉悦，对医生来说更是感受到美的情趣。

　　脊柱侧弯这种疾病不仅会使脊柱不对称，还会影响病人的呼吸功能和心态。椎弓根内固定技术可以矫正体型，改善外观，这类手术南京鼓楼医院做得最多，已经有7 000例以上。严重的畸形有时还要脊柱截骨，手术风险更大。

椎弓根技术

- 当时，我们的骨科团队老中青结合，天天研究解剖结构，琢磨如何安置置入椎弓根螺钉，最终找到了定点标志。这就好比在墙上钻电动钻头，不能打到自来水管及电线一样。

- 在实施第一例手术前，我们在尸体解剖标本上进行了无数次的验证，最后才敢在人体上应用。当时又没有C臂机，仅凭精准的椎弓根进入点确认，先插入不锈钢针，在手术台边用50毫安的X线机再拍一张片子确认螺钉的进路……

- 椎弓根内固定可以应对多种畸形、外伤、肿瘤和退变，至今还是国内外脊柱外科专家公认的技术，是脊柱外科内固定的一大里程碑，是脊柱内固定的金标准，相信这一技术将经久不衰。

长期关注　妙手偶得

陈　20世纪80年代后期才对胸腰椎骨折使用椎弓根技术，此前对这种骨折是如何处理的呢？

唐　脊柱骨折以胸腰椎损伤最为常见。由于脊柱脊髓解剖结构及受伤机制的复杂性，80年代初Denis等将脊柱分为前、中、后三柱，并做了损伤分类。骨折常合并脊髓损伤。至1992年美国脊髓损伤学会（ASIA）的修订分类才在国际上应用，特别是影像学CT及MRI的临床应用，使其治疗有了许多新进展。对胸腰椎骨折的治疗，1983年高等医药院校教材中还采用"两桌复位法"，用石膏背心固定，病人是很痛苦的。如骨折脱位合并截瘫，当时也可作切开复位减压，用一种Holdsworth棘突钢板，只固定三柱中的后柱，实际是一种无效的固定。由于缺乏坚强的内固定来稳定脊柱，截瘫就很难恢复，会出现一系列并发症，如病人因皮肤失去感觉，又不翻身，长期卧床受压会长褥疮。

陈　椎弓根内固定是最坚强的固定，其他还有什么内固定也可以作为脊柱的固定方法呢？

唐　改革开放后引进了国外的内固定，当时有长节段器械，要将脊柱固定五节，例如哈氏棒（Harrington）、鲁氏棒（Luque）、哈鲁氏棒（Harri-Luque）、Roy-camille的椎弓根钢板等，对病人创伤大，容易脱钩、断钉和断棒。

陈　椎弓根技术是什么时候从国外引进的？

唐　这个要从1984年说起，在英文版的*Clin Orthop*杂志上发表的论文介绍了MagerI胸腰椎椎弓根外固定器，对胸椎骨折有较强的复位力，创伤小。但是其最大的缺点是，外固定支架固定在腰背部皮肤外，病人无法仰卧位休息。我看了这篇文章，对椎弓根技术很感兴趣，就一直琢磨着，是否可以利用椎弓根技术，将外

20世纪80年代之前常见的胸腰椎内固定的方法，只固定了三柱中的后柱，实际是一种无效的固定

固定变成内固定，使病人免于不能仰卧的痛苦。

陈　那么您用了怎样的方法使外固定变成了内固定？

唐　说来这也是一个机遇，1985年天津人民医院骨科顾云伍主任组织国内第一届足外科会议，会议在广西柳州召开，参加会议的有著名的华山医院蒋知节教授、瑞金医院马元璋教授、积水潭医院刘沂教授。我也被邀请了，我交流的题目是"足跟皮肤缺损的修复问题"。会议期间在和刘沂教授的交谈中，我提出脊柱椎弓根外固定转向内固定的设想，当时得到了刘沂教授的支持，他认为这个构思很正确。虽然他是创伤骨科专家，着重对关节外科的研究，但他毫无保留地对我说，最近他刚从瑞士学习回国，有一本1984年瑞士出版的Dick教授的专著，研究的是脊柱爆

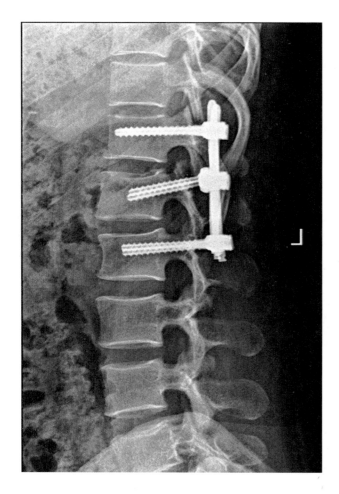

这是当今常见的短节段椎弓根内固定的X线片，椎弓根内固定是最坚强的固定

裂性骨折的内固定技术，他说："我不搞脊柱，我回北京后就把这本书寄给你。"没过几天刘沂教授就把书寄给了我，我拿到这本书真是爱不释手。这是一本德文版的书，图文并茂，主要内容是胸腰椎爆裂性骨折的处理方法，有Harri-Luque的长节段固定、外固定架、前路内固定、Roy-camille固定法、Dick短节段椎弓根内固定、椎弓根钉置入技术、腰骶固定和解剖生物力学测试。

陈　Dick短节段椎弓根内固定有何优点？

唐　Dick短节段椎弓根内固定，其固定节段短，只固定2节，创伤小，但复位力强，属三维固定的后路器械，至今还是治疗胸腰椎骨折经典的传统手术。

陈　在手术操作过程中，有哪些关键点呢？

唐　首先要熟悉椎弓根周边的解剖关系，要从解剖上找到椎弓根进入钉的安全

1985年在柳州举办的全国足外科会议，唐天驷（前排右二）、刘沂（前排右一）、蒋知节（前排左三）、马元璋（前排左五）、顾云伍（左六）等教授合影

区。椎弓根内侧与硬脊膜仅有 2~3 mm 的间距，而神经根靠椎弓根下切迹而行。当时，我们的骨科团队老中青结合，天天研究其解剖结构，琢磨如何安全置入椎弓根螺钉，最终找到了定点标志。这就好比在墙上钻电动钻头，不能打到自来水管及电线一样。

陈 改良Dick短节段椎弓根内固定器材，你们是怎样开始设计研制的？

唐 1986年邱勇医师正好由南京返回苏州母校，跟随我读研究生。他原为普外科医师，动手能力较强，作为青年才俊，学习非常勤奋，能吃苦耐劳，我将这一课题的构思设计理念交给了他。我们利用解剖学、CT影像学测量椎弓根螺钉通道长度及直径，以确定螺钉的长度和直径。我们一起找到了椎弓根表面的标志点，又设计研究钉与棒的连接杆的长度及直径，还做了钉和棒如何牢固地连接固定等系列研究。

洋为中用　改良提升

陈　改良Dick的内固定是怎样研制成功的？

唐　我们的骨科团队对内固定的研制还是有些基础的。因为我们曾找过当时的张家港医疗器械一厂、二厂，请他们研制过长节段的Harri-Luque棒，我也率先在江苏省将Harri-Luque棒应用于临床手术，如脊柱侧弯的治疗。脊柱骨折由原来的长节段固定变为短节段固定，原来固定在椎板上的钩子变成了置入椎弓根内的螺钉。当时的二厂（即张家港市锦丰医疗器械厂，现如今改名为金鹿医疗集团），有一位蒋工程师，他是上海第六医疗器械厂的工程师，被二厂聘请过来当技术顾问。他技术高超，对医疗器械研制有丰富的经验。其他还有丁、俞两位工程师共同研发。改良Dick短节段内固定，邱勇医师应该是最辛苦的，我作为导师仅提供了一种课题设计理念，因为是他的研究生课题，短短三年要自行设计研制并应用到临床，还必须通过生物力学测试，当时也没有SFDA（国家食品药品监督管理总局），我们测试成功后就在临床应用了。

陈　你们自行研制的短节段椎弓根内固定系统与厂方合作是否申请专利，是否有经济利润？

唐　当时的理念是，请厂方共同研制，是求他们办事。一次两次往厂里跑，邱勇跑得更多些。80年代，他先坐长途汽车到张家港市区，再转坐二等车（自行车）到锦丰，炎热的酷暑，在高低不平的石子路上颠簸确实辛苦。当时一副内固定仅100多元。1989年《中华外科杂志》在国内首先发表了我们的论文。90年代初在重庆中华骨科年会上介绍交流后，引起了骨科界的广泛关注。厂家在重庆销售金额达40多万元，而我们一分钱也未拿。当时医生的底线就是靠工资，没有任何的灰色收入，根本也没有去想过经济利润，当然专利也不会去考虑了。

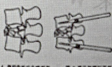

1989年《中华外科杂志》第5期发表了唐天驷等的论文《胸腰椎骨折患者的椎弓根短节段脊柱内固定器治疗》，这篇论文标志着唐天驷把国外的椎弓根技术完整地引入了国内，并且成功地进行了改良和完善

陈 新的椎弓根技术你们是怎样在第一个病人身上实施的？

唐 当时我们设计的螺钉直径只有5 mm，不敢太粗，在实施第一例手术前，我们在尸体解剖标本上进行了无数次的验证，最后才敢在人体上应用。当时又没有C臂机，仅凭精准的椎弓根进入点确认，先插入不锈钢针，在手术台边用50 mA的X线机再拍一张片子确认螺钉的进路，过度肥胖的人还很难看清楚。我们在不断的摸索中取得了经验。

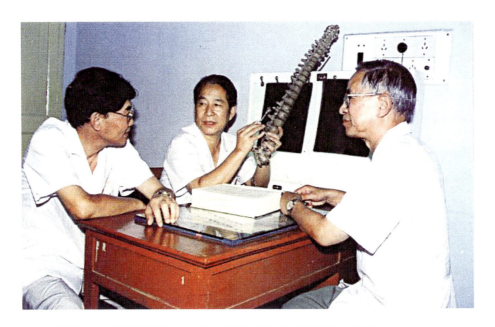

唐天驷教授（中）、董天华教授（右）、朱国良主任医师（左）在研究脊柱内固定技术

陈　后来有了C臂X线机，在手术中置钉应该得心应手了吧？

唐　应该说确实是有了一个好帮手，不但置钉准确率高，也大大缩短了手术时间。以往胸5以上的脊椎不敢置入椎弓根钉，因为椎弓根太细，有很大风险。如果侧弯病人或畸形的病人，椎弓根有旋转畸形，手术置钉还是有难度的。我记得90年代中期《中华外科杂志》在北京举办了论文评优活动，我也被邀请作为评委。温州医学院附二院池云龙主任，他首先在脊柱侧弯病人身上实行胸5以上椎弓根内固定，获得了一等奖。池医师获奖后非常高兴地对我说，我这一技术也都是在你们的技术启迪下开展的，应感恩你们的教导。早年开会时台湾教授包括台湾生产脊柱内固定器械的公司人员感到很奇怪，你们的椎弓根技术怎么会这么早就在临床应用了？

陈　有了C臂X线机的辅助，你们置钉准确率有多大？

唐　可以高达80%，当今不但胸5以上可以置钉，而且严重复杂的脊柱侧弯，不需再用哈氏棒钩子了，胸腰椎都可以置入椎弓根螺钉。现在由于又有了O臂3D导航系统，置钉准确率甚至可达100%。

陈 邱勇在法国跟随Dubousset教授学习8年，回国后做了大量的脊柱畸形矫形手术？

唐 我记得1997年他从法国归来后，采用国际先进的三维畸形技术（CD技术）治疗脊柱畸形患者，手术难度大，但是他的病例数在国际领先，并发症又少，在国内外脊柱外科界中产生了巨大影响。病人来自世界各地。

陈 颈椎毗邻解剖结构更复杂，是否也可用椎弓根技术？

唐 颈椎椎弓根内固定技术难度更高、危险性更大。我有两名博士研究生都曾研究这个课题，一位是王东来，现任苏州市立医院本部副院长，另一位刘景堂，在原兰州军区总医院脊柱外科工作。颈椎椎弓根内固定技术是我们在国内首先发表的，1998年《下颈椎椎弓根内固定的解剖学研究与临床应用》发表在《中华骨科杂志》，2003年10月《颈椎椎弓根螺钉内固定系统的临床应用》发表在《中华骨科杂志》，《经颈椎椎弓根内固定技术在枕颈融合中的应用》于2005年获江苏省卫生厅新技术引进一等奖。

唐天驷编译的教材

唐天驷教授：

您已被选为中华医学会骨科学会第五届委员会副主任委员

一九九六年十月七日

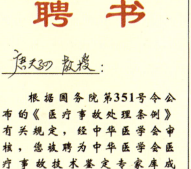

中华医学会骨科学会第五届委员会副主任委员和中华医学会骨科学会脊柱外科学组第三届组长等聘书

为表彰在促进科学技术进步工作中做出重大贡献，特颁发此证书。

获奖项目：经皮椎体后凸成形关键技术的建立及临床应用
获 奖 者：唐天驷（第4完成人）
奖励等级：科学技术进步奖一等奖
奖励日期：2010年01月
证 书 号：2009-196

中华人民共和国教育部
二〇一〇年一月二十五日

为表彰在促进科学技术进步工作中做出重大贡献者，特颁发此证书，以资鼓励。

获奖项目：脊柱后路经椎弓根内固定的基础和临床研究
证 书 号：1-009-3

获 奖 者： 唐天驷
奖励等级： 一 等
奖励日期： 二〇〇三年十二月

江苏省科学技术进步奖评审委员会

各种荣誉证书

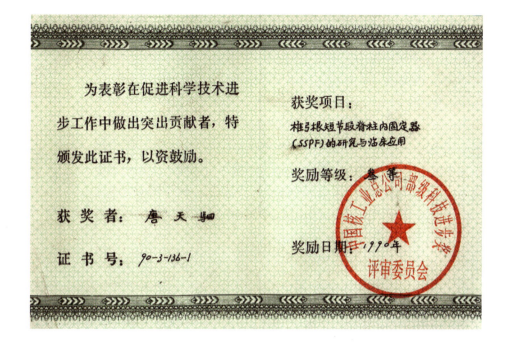

各种荣誉证书

国务院特殊津贴证书

世界创伤骨科学会会员

2005年度，唐天驷担任国家科学技术奖评审专家

国内第一　国际领先

陈　椎弓根内固定技术今后的前景如何？

唐　脊柱是躯干的中轴，由32~33块脊柱骨连接而成，每一块脊椎的解剖结构中都有两个椎弓根，由于有了椎弓根这一坚固的力核结构，拧入的螺钉也会非常坚固。当然，椎弓根进钉点的准确定位极为重要，当今由于导航系统的发展迅速，具

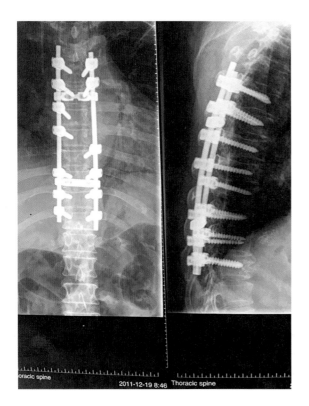

脊柱长节段内固定的X线片

有精准医学3D影像的骨科机器人的产生，椎弓根置钉准确率从原来透视组86.7%提升到导航组100%。椎弓根这一解剖特点是老天爷赐给我们人类的，椎弓根内固定技术可以用在脊柱的几乎每一个脊椎，可以置入数十枚钉长节段固定。椎弓根内固定可以应对多种畸形、外伤、肿瘤和退变，至今还是国内外脊柱外科专家公认的技术，是脊柱外科内固定的一大里程碑，是脊柱内固定的金标准，相信这一技术将经久不衰。20世纪80年代，我们通过举办12期国家级继续教育学习班向全国推广这一技术。我外出开会，遇到一些同道，他们都会异口同声地说：椎弓根内固定都是从苏州学习后回来开展的，是看了唐教授的书长大的。

医德、医风、医术

- 我们要在保证疗效的前提下,避免对患者进行盲目检查和过度治疗,以减少对国家医疗资源的浪费,以减轻患者的医疗费用负担。
- 我凭着良心和尊严行使我的职业,以人为本,良心和技术相比,良心更重要。
- 我们一直强调临床一线,个别医生现在连病人都没看,直接看张片子就开刀,这是不可思议的。我们一定要了解病人的感受,病人想些什么我们都要知道,这样才是合格的医生,假如你不仔细听病人的陈述,那就很难精确诊断。
- 我们骨科是教育部国家重点学科,又是卫生部国家临床重点专科,『双重点』江苏骨科就这一个,全国也很少。

良心更重要

陈 您对病人采取开刀或保守治疗有什么自己的看法吗?

唐 我给你举个例子吧。2017年年初,原苏州医学院的院长杜子威教授的夫人吴老师(她是日本籍,原来也是医学院病理科的老师)到我们骨科就诊,她脚扭伤了,骨头断掉了,踝关节骨折旋后外旋Ⅳ度。我们总院国际病区足踝科的专家叫她开刀,年纪轻的医生更积极动员她开刀,她就坚持自己的观点——不肯开。已住进病房一周多了,无奈之下要我去看她。我说你先打个钉牵引制动,消肿后再说,但是打一个骨牵引钉她也不愿意,因为她看到她弟弟因为足部骨折开刀以后感染,钢板都露出来了,她就十分畏惧做手术。后来我讲,"待肿胀再消一些我给你用不开刀的办法,用闭合复位的传统方法"。于是数天后我给她打了半身麻醉进行复位,采用伤骨科手法,在C臂X线透视下完成了骨折的复位,之后再上了内翻位石膏。又过了两周肿胀进一步消退后改为功能位石膏固定。出院后她回日本拍片子,日本医生看了后很惊讶,复位后的片子怎么看不到骨折啦,复位得太到位了,夸中国伤骨科真好。她来苏州复诊时,把日本拍的两张片子带过来了,确实复位得很好。这个病例说明我们传统的方法,还是可以治好病人的,不是每个病人都需要手术的,手术带来的并发症有的非常严重,反而不好,甚至致残。当今骨折的治疗趋势是,几乎没有不开刀的,你不开就说明你没本事,就算到了大医院或者中医院,结果还是开刀。实际上不是所有人都需要开刀,不开刀依然是可以治好的。尤其是儿童,特别是十岁以下的儿童,骨折畸形愈合也可以自己塑形好。

陈 您说的这个闭合复位是指什么?

唐 闭合复位靠的是手法,这种手法只有老一辈能做,年轻一代不会了,他们只会切开手术的方法。伤骨科要求"手摸心会",即手上摸心里体会,看了X线片,根据

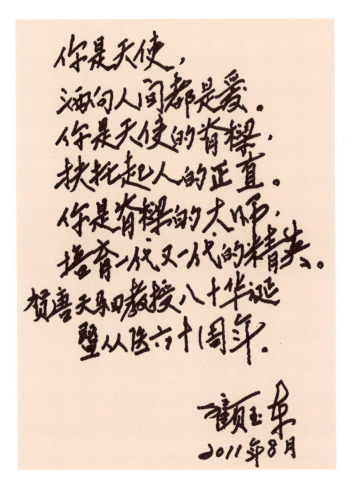

中国工程院院士、复旦大学教授顾玉东为唐天驷教授的题词

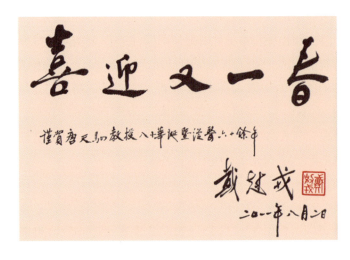

中国工程院院士、上海交大附属第九人民医院终身教授戴尅戎为唐天驷教授的题词

损伤机制做手法，同时确定石膏应该上在什么位置对位最好。比如说，根据骨折类型、移位方向，有时就要放在一个足内翻位复位才好，放在外翻位骨折就分离了。我任骨科主任时，骨折的病人大多在门诊复位和用石膏固定，我叫每个病人登记好地址。有一次有一个病人没有登记地址，次日早晨我去读片的时候一看，石膏上反了，那么骨折反而分离了。只知道他是昆山的，我马上通知昆山广播台广播找人，他听到后回到医院，重新换石膏。实际上是我们做错了，相反病人还感谢我们，所以我们只要对病人负责，病人还是会感谢你，你错了可以纠正。还有一个病例，一个日本40多岁的男性患者到我院就诊，是一个典型的腰椎管狭窄症，走50 m即要蹲下。我给他做了多节段椎板单纯开窗，手术之后他返回日本，日本医生看了X线片后不相信他已开过刀。然后问他在哪里开的，他骗对方说在美国开的。为什么X线片上看不出已经开过刀呢？因为我没有放置内固定。当时费用花得很低，快20年了，这个病人至今也非常好。

陈 对于这类病人，现在是否都要放置内固定？手术没放内固定他怎么就康复了呢？

唐 他骨结构没有破坏呀，脊柱还是很稳定，就像一间房子，墙上开两扇窗，房子承重结构没有破坏呀，我不需要架几根钢筋水泥去支撑它。

陈 那"开窗"是为了什么呢？

唐 哪里有压迫，哪里就要开窗减压。比方说，房子里挤满了人，就要赶快开门开窗，防止缺氧。脊髓神经受压迫也该尽早减压，压久了神经变性了。手术没有导致结构性的不稳定，就不需要打钉加固。那位腰椎管狭窄症的病人走一段路就要蹲下来，开窗减压之后他就能正常走路了。苏州市第四人民医院原来的管院长，他的亲家近80岁，在苏州市第二人民医院住院，要我去手术，他们原来计划是要放置内固定。我去看了之后发现病人年岁已大，原腰椎不稳定，现已因骨增生形成了骨桥，很稳定了。于是我讲不要放内固定吧，就单纯在椎板上开几个洞减压，手术以后病人就能走远路了。术后管院长也跟他亲家讲"替你省了钱，效果又很好"。我的原则是，使病人花最少的钱达到同样的效果，这是主要目的，不要增加病人负担。传统的有限化手术能解决的病例，就不应该追求昂贵的手术，更何况内固定也有可能带来相应的并发症。

陈 您能谈谈"过度治疗"的问题吗？

唐 何谓过度治疗？就是医生在治疗过程中，不恰当不规范，甚至不道德，唯利是图，无良无德，损害医生形象。这种现象一直是困扰病人的焦点问题，不该手术的却手术了，这些都会给病人带来伤害。我们做医生的，应更理智、更全面地去分析每一位患者的病情，绝不能增加患者的负担，要杜绝发生与治疗目的相反的副作用。能用便宜手术耗材解决问题的，绝不用昂贵耗材；传统有效的手术能解决的病例，就不应该追求昂贵的或不成熟的新技术。我们要在保证疗效的前提下，避免对患者进行盲目检查和过度治疗，以减少对国家医疗资源的浪费，以减轻患者的医疗费用负担。

陈 您能谈谈医患沟通存在的问题吗？

唐 做医生还是很苦的，特别是医患关系紧张了以后。但是我觉得，即使今天我的号挂号费要300块，每个病人看病结束后都会感谢我一下，因为我基本上讲到位了，病人会知道"诊断什么、怎么治疗、建议开刀与否"等，我给他们一个结论，所以最后他们一般都会说"唐主任再见啊""谢谢啊"。当然，对于一些经济条件不太好的病人，我也会主动让他们去老院区找我看，因为在老院区我的号挂号费只要100元。

我们看门诊一定要很仔细，要问病史，比如你问病人痛多长时间了，他说"很长时间了"，那你就要继续问清楚有多长时间。前面我说过，我们病历上都要写7项指标，这些项目都要有的。我们问病人患病时间是非常有意义的，病人有时候不了解我们的用意，他就是不讲或者讲不清，就说"好长时间了"。有的时候我们要问病人"能走多远的路"，比如间歇性跛行（走一段路就要蹲下来）就要问这方面的问题，但我们不能给他暗示，就要问他实际能走多少路，我问"你能走公交车一站路吗"，他说"我门口就是公交站"，有时候问"能不能上楼"，他说"我住一楼"，现在高层建筑多，病人有的会说"我乘的是电梯"。遇到类似的情况，我们一定要耐心地同病人交流，使他们明白我们问的目的，耐心地了解病史。

有一个住院病人两侧膝关节痛，在我院已做了关节镜，做了以后还是不好，不晓得什么毛病，病房医生嘱其来找我看。我就问他"你手有没有痛"，他说"我手没有问题呀"。我一看，手是有问题的，现在腕关节是僵硬的，因为已经骨性融合了，所以他说手不痛。追问病史得知，原来他的手曾经痛过，所以可以确定这个患者是类风湿关节炎。门诊时，若医生仔细检查一下，情况就不一样了。

另外有个住院病人的例子。病人患腰骶椎结核，只做了后路椎弓根内固定，术后一直发低热、疼痛，血沉和CRP（C反应蛋白）的指标高，有医生说是螺钉松了。

我看了之后发现，不是螺钉松动问题，是前面病灶结核没有清除掉。我建议再次做前路病灶清除和植骨手术，后来问题就解决了。

又有一个病人腰椎骨折全脱位，手术时因为出血多，没有完全复位。我一看，病人才三十几岁，大腿肌肉尚有力量，估计今后是可以行走的，如果不完全复位，今后就无法站立了。我就提出要重新开刀，这样病人才有希望恢复行走。后来杨惠林主任为病人再次手术纠正了脱位，恢复了矢状平衡。所以医生的治疗决策很重要，医生想要成才，能在病人身上学到很多东西。

陈 刚刚听说今天下午您还要主刀手术，您方便和我们说一说这台手术吗？对于您来讲是很简单的吧？

唐 今天下午是一个患腰椎间盘突出症的病人，对于我来讲呢，只能说我做得比较多，决不能说手术简单，简单手术也要当复杂手术去做，当作第一例手术去做。这个礼拜四我还要去无锡做一个类似的手术。

陈 腰椎间盘突出症手术是不是要把突出的椎间盘切掉一点？

唐 腰椎间盘要是突出了呢，突出的椎间盘压迫神经后就会感觉痛，我在后面椎板上开个窗，把这个突出的椎间盘髓核摘除，被压迫的神经就解放了。现在大多数医生都不愿这样做。他们将两侧椎弓根置钉固定，椎间隙里面填充骨和"笼子"，我不愿这样做，我拿掉突出的椎间盘就好了。和椎间融合、置钉固定手术相比，我的方法创伤小又精准。椎间融合的方法有一定的指征，不是千篇一律地做融合手术。表面上看这个融合后的椎间盘不会再复发突出，但会造成邻近椎间盘退变再突出。传统的单纯切除椎间盘应该是金标准。我凭着良心和尊严行使我的职业，以人为本，良心和技术相比，良心更重要。

陈 椎间盘拿掉之后这节骨头没问题吗？

唐 没问题，拿掉的是突出的椎间盘，主要是髓核，这个间隙可能今后会有点窄，但是压迫神经的痛感消失了，可以说效果是立竿见影的，病人手术后三天就可以起床活动。我随访的术后40~50年的病人现在都还很好。

陈 开的口子有多大？

唐 我开的话大概3.5 cm，因为开得多，这一技术很熟练了，在一个小切口的洞洞里操作。

陈 怎么进入里面的突出物？

唐 用咬骨钳咬掉后面部分的椎板，手术操作极细心，不能碰坏硬脊膜和神经。

陈 可是椎间盘本来应该有其功能的，椎间盘切除植骨融合了，这两个腰椎融合拼在一起就没有椎间盘了，行吗？

唐 脊柱由23个椎间盘连接成一个柱，一个一个脊椎接起来，两个脊椎中间是椎间盘，椎间盘在人体躯干中除了活动功能外，在负重载荷时可吸收震荡。一个节段的腰椎不动，其他可以动也不要紧，对腰也没太大影响。

陈 那其他医院、其他医生会怎么做呢？

唐 就像前面我说的，现在像我这样做"单摘手术"的很少，我们医院也做一些，但是年轻医生都不做，也不会做，我们附一院的中年医生还会做。单纯摘除手术病人只要花费一万元左右，内固定手术至少六七万元。我们应该选择简单、经济、有效、安全的方法，当然是看病人适应何种方式最佳，要权衡利弊。

陈 这个手术大约需要多长时间？

唐 你指的是单摘吧，一般一个多小时，我们还是习惯于摘除得干净一点。要是做得快一点，40分钟我也可以做下来。当今微创技术中出现了一种新技术，孔镜下摘除椎间盘，但这是一种有限切除，新技术需要一个学习过程，目前用这种方法复发率可能会高些，我已经处理过三例孔镜下手术失败的病例。

陈 一般椎间盘突出症都要开刀吗？是比较严重才选择开刀吧。

唐 严重，痛得不得了，病史要三个月以上，保守治疗无效，才考虑开刀。像儿童医院原来的一位党政领导，记得是夏天我到她家去出诊，她痛得起不来，我说你开吧，她说不开。后来过了一个月，痛得实在不行了，她打电话给我，"唐主任你马上替我开吧"，我说"也不能马上替你开，你要住院检查，手术前做一个评估，有没有糖尿病、高血压，查完以后才好开"。这就说明她痛得实在厉害，就主动要求手术了。

印象最深的手术

陈 您现在还亲自主刀,眼睛、手都没有问题?

唐 我不戴眼镜,手也不抖。

陈 您之前跟我们提到过有些外科医生50多岁就封刀了。

唐 对于开刀,每个医生都有悟性的,开不好肯定是要封刀的呀。80岁以上还能继续开刀的,应该是少数了,手术生涯因人而异。

陈 那您现在每年做多少例手术?

唐 毕竟年龄大了,不像以前,以前我一年可做200多台手术。

陈 您是指七十岁的时候吗?

唐 对,七十岁时,现在没有了。现在我有时候一个礼拜开一两台。病人信任我,一定要我开,但是有的手术时间确实很长,那么我在关键部位上一下手术台,他们能开的就让他们开,我主要是在旁边把把关,看看术中有什么困难。有的时候他们找不到突出的椎间盘,我就上台帮他们找出来。

陈 唐医生,哪一台手术让您印象最深刻?

唐 断肢再植,70年代初我和董主任做的,当时我真的足足36小时没有睡。这个病人术后并发呼吸窘迫综合征,当时我们不知道这个病,原因是给他输了一万多毫升血库里保存的冷藏血,里头都有微粒,有效成分功能逐渐丧失,有害成分逐渐增多,引起病人呼吸困难,后来我一直陪伴在旁边,总算抢救过来。术后病人手的功能恢复得很好。另外,我也比较早地开展了脊柱手术,包括脊柱的肿瘤切除,我们60年代就做了,强直性脊柱炎的脊柱畸形矫正60年代也做了,我们每一台手术都很谨慎,不能让病人发生神经损伤,脊柱手术在骨科中算风险较大的手术。

陈 断肢再植的手术能再详细讲一讲吗?

董天华教授（左三）、唐天驷教授（右三）、洪天禄教授（右一）、许立主任（右二）、朱国良主任（左二）、陈荣发主任（左一）等苏大附一院骨外科老专家合影

唐 病人叫陈正先，名字我还记得，当时是苏州玻璃厂的一名工人，工作中右手不慎被轧断。我和董主任两个人一起做，那个时候没有经验，当时包括上海医生的做法也都是先把动脉接上，动脉一接上呢断肢远侧的一段肢体创面就会大量出血，是静脉回血，那么其他断肢的组织都还没有接呢，先把断手的血供上。当时的理念就是手的供血非常重要，常温下断肢缺血不能超过5~6个小时，缺血时间长了组织会死掉的，但实际上是不会的，现在外伤的断肢如果冷藏保存的话，可以延长到12~14个小时。现在的做法都是先把骨头接好，再把筋（肌腱）、静脉接好，最后再接动脉。动脉一接好，静脉血液就返回到全身，断面就不会有不必要的出血。那个时候不懂，先接通动脉供上断手的血，再花很长时间接骨头、很多根肌腱和数根静脉，创面出血就输血，输了一万多毫升血，造成了严重的并发症。现在看来这种理念是错误的。

陈 陈正先的手是被机器弄断的吗？

唐 对，被车床切断，完全离断，是一个断腕的病人，不接血管的话肯定手就坏死了。断肢再植接的组织多，很费时间。

陈 在这之前咱们医院没做过吗?

唐 没有,70年代刚开始做的。被国际医学界称为"世界断肢再植之父"的陈中伟院士在1963年才做第一例,在这之后大家就陆续地开展这个手术了。

陈 您当时怎么敢尝试这样的手术?毕竟以前没有这种手术的先例。

唐 在这种情况下,时间就是生命,得先把血管接上去让他活过来再说啊。

陈 但是在这例手术之前你们都没有做过这种手术呀。

唐 虽没做过,但基本功都是一样的。接骨头和接筋是经典手术,没有难度,就是细小的血管要接通,需要一定的技术。

陈 那骨头怎么接呢?也要打钉吗?

唐 骨头要缩短一点,骨头缩短了之后这些筋都能接得起来了,断的筋两头都要切掉一点,清除肌腱挫伤的部分。断手的断面组织都乱七八糟的,要弄干净,接起来才不会发炎,医学上叫"清创术"。断肢再植手术的关键,是断手里污染的脏东西、坏死组织必须弄得干干净净,假如这一步做不好,感染化脓,血管也烂了,接上去的手也要坏死。

陈 那怎么把它弄干净呢?

唐 首先是刷洗皮肤,用大量水冲洗断手的两个断面,采用清创术去掉脏东西,切除坏死的组织,留下来的都是健康的正常组织。

陈 这个涉及显微外科吧?

唐 应该涉及。

陈 眼睛上要戴放大镜?

唐 当时还没有达到这个水平,现在显微外科发展迅速,可用手术显微镜或放大镜,甚至手指断了也能再植,要在显微镜下缝合1.5 mm的小血管。当时呢是这样的,因为缺乏显微缝针和缝线,只能在血管外套个塑料管,再把血管外翻过来,另一端血管再套上去扎紧。陈中伟的第一例断肢再植手术也是这样接的,那个时候8-0的缝线(即最细的缝线)尚未制造出来。

陈 那么,什么年代显微外科技术才发展起来?

唐 1966年华山医院杨东岳教授应用显微外科技术,做了世界首例第二足趾移植再造拇指。我记得真正开始普及显微外科技术是在1972年以后。

陈 那时就在显微镜下面操作了?

唐 那个时候也没有显微镜,就肉眼下面缝合,年纪轻嘛视力还可以。现在也有戴放大镜的，当然最好是在显微镜下操作，手术显微镜可放大6~30倍。

陈　如果断手接不上，坏死了，有什么办法吗？

唐　断手接上之后，如果出现血循环不畅，需要急诊探查血管，再次接通它，如果无法接通，手坏死了，也只能截肢了。

陈　是否可以将遗体捐献志愿者的手接上去？

唐　一般来说，手离断以后假如截断的两个断面很整齐，是可以接的，如果碾碎得一塌糊涂，就很难接了，那么只好截肢了，一般截肢以后就装义肢了。如果接着一个别人的手（同种异体的手），病人要用很多排异的药，这些药对人损伤是很大的。接手不同于换肾、换肝，肝、肾功能的衰竭会威胁到病人的生命，但人没有手是不会死的，如果为了接一个异体的手而用很多排异的药，那就没有必要了。以前有人做过，做了以后都不行。有一次在广州开会，陈中伟讲过一句话，"同种异体的手再植是没有手术指征的"。

陈　您70年代做了第一例断肢再植手术，之后又做了吗？

唐　这个手术后来都推广了，我特意要杨惠林去学手外科的。

陈　就是断了手指头也可以接？

唐　现在断手指都能接了。苏州手外科专科医院是苏州大学附属瑞华医院，他们一天有四五十例手外伤，积累了丰富的经验。医院侯瑞兴院长是苏大的博导，指导了一批又一批的研究生，他们的课题设计构思新颖、有创新性。我们那个时候手外科病例也多，那时农忙用稻谷脱粒机稍不小心就把手轧得一塌糊涂。有一天华锦明医生值班做手外科，一个接一个，辛苦得不得了。他开玩笑地说"再来一个我就要跳楼了"，说明实在太累了，手外科是极其辛苦的工作。

陈　当时做一个这样的手术要多少费用呢？您说过曾经做腰椎间盘手术是二十几块钱嘛。

唐　七八十年代嘛，病床少，不少手外伤病人不住院，门诊做了手术就回家，费用很低。

陈　那现在公立医院没有人愿意做，反而是民营医院做的手外科手术最多，手外科不都是断肢再植吧，各种损伤类型都有的吧？

唐　都有的，包括手上皮肤剥脱伤，断肢再植的也有，也有十个手指头断掉一起接活的病例。

严师出高徒

陈 教师节刚过,您能不能讲讲您这么多年带的学生?我个人觉得您是把做人、师德,特别是将对学生做人的要求放在做学问前面的,那您能不能讲讲您对学生的要求是什么?

唐 我当年带的博士生钱邦平在他这次写的"他人看他"文章中提到我对学生的一些要求,我觉得我严是严的,但还不至于太凶吧!我举一个例子,某医院尚未建成开业,有一部分年轻医生招聘进来后,在鼓楼医院、苏大附二院和我们附一院委托培养。我同汪康平主任还有其他几位医生一同去病房查房,一查房呢就发现问题了:一个40岁的病人股骨颈骨折,他们汇报了处理经过。我一看才40岁,怎么会股骨颈骨折,这是老年人骨质疏松才会发生的。他们在讨论的时候我就一人去病房了解情况,病人讲是洗澡的时候跌倒了,浴室出来有四个台阶,光线又比较暗,没有看见,他一脚踏空了,滑倒在台阶上,又是裸着身子的,所以他受到的暴力非常大,不是平地摔的。现在少数年轻学生写病史就写一个"外伤",对于外伤的机理他不问,这么重要的基础病史都不问。我又发现,病历上写着"某某主任来查房,又某某主任来查房",就问那个医生"你是不是作假的?"他说是假的。我怎么看出来是假的呢?病史就是要真实,这个主任不会讲出这样外行的查房意见的,重点的没有讲到,不可能的一些并发症讲得很多。上级规定在病史上必须要有主任医师查房的记录,无奈之下他就造假了。年轻的医生一开始学的就是造假,那么将来写文章都搞假的咯?现在假的文章太多了。上级医生也不管好他们。省里来查,就是要有主任查房意见,为应付上面的检查,他们就作假。另外,很多的体格检查结果都是一样的,这个病人是这个模板,另一个病人也是这个模板,都是拷贝的,病史也是拷贝的,甚至有的男病人都误写成女的了,我当场就提出批评。我觉得这个病人40岁的年龄，股骨颈骨折是预后最差的骨折，股骨头坏死率高达百分之八九十，股骨颈骨折以后股骨头会坏死的。所以我也替他们分析了一下，40岁年龄为什么会股骨头坏死，股骨头坏死的概率、病人的预后都要告知病人。这就是讲我对学生的要求，特别是在病史质量方面，是非常严格的，因为你没有很好的病史，就无法做出正确的分析。

　　做一个医生要真诚，借用鲁迅先生的话说，为人处世首先应该讲诚信，然后再论及他的本领如何！我任科主任时，对写病历的要求是很严的。当时杨惠林、杨同其、王锦喜等都还是年轻医生，但他们写得很规范。华锦明一开始写得不符合要求，我会请他重写，后来他成为附二院管病历的负责人。另外，这几位的字写得都非常端正。那个时候每一张X线片都要画一幅图。这个阶段我们科的病历写得非常好，骨科一直是先进科室，我曾经代表科室参加二机部全国先进单位表彰大会。

　　25%的医疗过失都来自医生的失误！所以我觉得培养学生要从"三基"开始，即基础知识、基本理论、基本临床检查。医生一定要细微体察病人。最近脑外科周岱主任介绍一个病人找我门诊，病人看了几个医院，做了脑部、腰部和髋部的MRI，花费了不少钱也没有结论。我一看，然后做了检查，明确为"臀肌挛缩症"。我们是临床医生，一定要到病人床边，才能做好医生。临床一线是最容易发现问题的，我们作为医生，"德"这个字很重要，病人的感受我们都要懂得，要有仁爱精神，为病人着想。

陈　那您对不同的学生，怎么帮他们找到发展的方向呢？邱勇主任也是从普外科到您的科室来读研的。

唐　钱邦平可以说是一个例子。他是博士生，本科毕业于南京中医药大学，他当时就要到我这里来读研。实际上，我们董天华主任在全国骨科界还是有很大知名度的。包括陈亮，他为什么回苏州来读研？他也是觉得我们骨科在全国还是有一定地位的，学术界都认可我们这个医院和科室。我给钱邦平的课题是"一个颈椎可吸收的材料"，从成都那边弄了一个可吸收或可降解的生物材料——聚乳酸类材料。这一组织工程支架颈椎融合器的课题完成后他毕业了，正好邱勇从法国回来，我就同邱勇联系把他介绍到鼓楼医院去了。我对邱勇说钱邦平是不错的，将来也许在工作上可以帮你很多忙。后来钱邦平通过面试就去鼓医了，在邱勇领导的科室工作。在优异的平台上他提高很快，经常得到邱勇的表扬。在强直性脊柱炎畸

唐天驷教授与一部分历年指导的博士生合影，左起：王东来、周峰、姜为民、唐天驷、杨惠林、倪才方、陈亮、钱忠来

形方面，钱邦平做了很多高难度的手术，包括颈胸段截骨术，也有相关的基础性研究，在全国乃至国际上已颇有知名度。

陈 您前面也提到您的学生华锦明在您的教导下，一开始病历写得不好，最后成了管病历的负责人，我觉得这个特别有现实意义。

唐 他就是一个很好的例子嘛，有几个学生本来字写得很差的，后来都是我要求他们字必须写端正。我有个硕士研究生患肝癌，33岁就过世了，非常可惜，他字写得很不好，经我反复讲了以后，他努力改好了。我对华锦明的要求比较高，字要写好，病史内容要规范和充实，他也非常努力，最后在附二院担任管理病历的主任，在省内也参与了不少有关病史规范化的工作。

陈 您还是特别寄望于后辈的。

唐 是啊，譬如椎弓根技术，实际上最早是我做的工作，但我觉得自己老了，对名利就要淡泊些，让年轻人闯在前面，当然杨惠林也做了不少工作，我就愿意给杨惠林创造各种机会。因为他年轻，前景广阔。我们老一辈的，只要看到这个科室还在继续前进，不倒退，就会有满足感。无锡四院有一个心胸外科的医生，原来他与我一样也常去江阴开刀，是他们医院会诊最多的人，最后因为肝癌去世了。这个医院

苏大附一院骨科第二次获得国家科技进步二等奖的科研团队合影（2018年年初）

心胸外科在他过世后就不行了。因为他没有培养年轻人，他那个科室后继无人。如果没有人继承和创新的话，科室的水平是会倒退的。我2004年报国家科技进步奖时，把杨惠林放在第一位。时隔13年，2017年他又得到了第二个国家科技进步二等奖。杨惠林到美国去进修，是因为我有一次在香港开会时认识了袁翰圣教授，我向袁教授推荐了他。他过去后学到了脊柱微创技术，回来以后组建了一个科研团队，再次获得国家奖是值得祝贺的，也是令人欣慰的。

陈 就是治疗脊柱骨质疏松性骨折的这个奖？

唐 对。一个科室拿到两个国家科技进步二等奖，在全国是少有的。像邱勇，第一个奖是关于椎弓根的，是他研究生期间的课题，我是他的启蒙老师，当然他做了很多工作，我把他放在排名第三，我自己放在第四。他非常努力，大概比我们早一两年吧，也获得了第二个国家科技进步二等奖。我们骨科是教育部国家重

苏大附一院骨科是教育部国家重点学科和卫生部国家临床重点专科，这样的"双重点"江苏省内骨科就这一个，在全国也很少

点学科，又是卫生部国家临床重点专科，"双重点"江苏骨科就这一个，全国也很少。

陈 "双重点"科室在我们附一院有几个？

唐 我们医院全国排名第34位，省内排名第2位，"双重点"科室有两个：血液科和骨科。我院血液科最强，全国排名第4位，接下来应该是我们骨科，其他科室还要不断努力创新。现在神经外科也不错，我们神经外科的博士点比上海华山医院还早，外科博士后流动站点也建立了。其他如心血管科、呼吸科也都是我院的强项。

误诊是医学大敌

陈 您觉得比较有代表性的病例，无论是您开刀开得比较顺利，或者是特别困难的病例，比如您讲过的阿金宝的手术，或者是这个病例对其他医生有借鉴意义的，或者是别人开错了的，这样的病例再讲两个吧。

唐 中国人民解放军一零零医院骨科主任王宏，他曾接待过一个腰痛病例，患者是原南京军区副司令员，在全国各大医院都看了，做了无数次的MRI和CT，医生都要他手术，而且是开大刀，腰椎椎板切除附上内固定，创伤极大。后来他来苏州两次，我仔细做了检查，在其腰背部发现有一个局限性压痛，我高度怀疑他长了一个瘤，很可能是错构瘤。后来我和王宏一起去南京为他手术，原南京军区总院麻醉科来了一位主任，要替他打全麻，我讲只要局麻，定位后局麻能找到肿瘤，全麻后他都不痛了也就找不到了。我画了肿瘤标志线，打了麻药，很顺利地找到了肿瘤，经病理证实是错构瘤，解除了病人多年的病痛。最近门诊又有一个类似病例，病人前臂有一个局限的固定的压痛点，一触就痛，到处求诊也没有结果，我看过后也推测是错构瘤，后来切掉了，病理证实也是错构瘤。有些医生不认识这个瘤，差一点给这位军区副司令员开一个不应该开的大刀，如做了大手术又未能发现这一肿瘤，手术后还会继续痛，不是又漏诊了吗？

陈 别的医院医生让他做大手术是为什么？

唐 像他这样已60岁以上年龄的病人，拍出来的片子或多或少都有老年性退变，都可以叫病人开刀。什么椎管狭窄啦，滑脱啦，椎间盘突出啦，不稳啦，都可以给他戴上这样的"帽子"，那么就开刀吧。但实际呢他可能没有症状和体征，如果不细致查看病人，仅凭影像学改变就要求病人开刀，就这样凭直觉下结论，盲目错误地诊断和治疗，会带给病人不必要的痛苦。

陈 手术前正确诊断太重要了。您曾讲过起诉医生最常见的原因是误诊。

唐 过早地凭直觉判断，忽略了理性分析，25%的医疗过失都来自失误，就会导致医疗纠纷。误诊率高，后果就是医疗事故。

陈 医疗纠纷是极复杂的问题，您是否也要参加医疗纠纷的专家鉴定？

唐 江苏省医学会规定，医疗纠纷中市一级医学会不能给结论或原有结论病人家属不满意都可送到南京再次鉴定。自2000年起南京大概近10年的各科医疗事故鉴定我都去参加，刚开始还没有专家库，没有采用专家抽签的方式。骨科医疗事故鉴定我"唱主角"，当时其他还包括脑外科、心内科、呼吸科、普外科，有近20位专家，骨科就我一个人。

陈 在南京医疗纠纷中是否有一些典型案例？

唐 骨科案例大家投票前都会以我的最后分析意见作为参考。至于典型的病例么，譬如说有一个鼻出血的病人，鼻孔出血很多，往往高血压就会导致后鼻孔出血，那么五官科就有一种办法，用两个纱布球，从嘴巴里头进去，从后鼻孔里拉出两条线到前鼻孔，拉紧，扎住，这样后鼻孔出血处由两个纱布球压住了就不出血了。某天，该病人在病房突然打了个喷嚏，把扎紧的线崩断了。线一断之后两个纱布球吸进气道口，气管声门塞住了，他就立即跑到病房找护士，已发不出声音，用手指着自己的口，"啊！啊！啊！"护士马上说去找医生，等她找来医生，病人已窒息死亡了。稍懂一点医学知识的人，若给他做气管切开也来得及。可以在他颈部大气管处插一根粗针进去，先维持通气，当然有条件应马上在气管上划一刀透气，病人就不会死。美国报道过，有一个急诊的小孩儿呼吸困难，小孩儿气管细，一水肿就塞住了，那叫吸气性呼吸困难，急诊科医生没有得到病人家属同意，一刀就划开了气管，救了命。在中国，假如也是一刀划下去，病人最终死了，家属可能会说是医生开刀把人开死了。在国外医生就敢于冒这个风险。对于这样的病人时间就是生命，你看这个五官科护士一点相关知识都没有，所以做一个医务工作者必须知识面很广，不能光懂自己的专科知识。台湾医生最近来苏州明基医院讲课，我也去讲了一课。台湾医生说他是搞脊柱的，曾有一个病人颈椎开完之后情况仍旧没有好转，最后发现是关节问题，所以关节我们也要懂。我们那个年代都懂，可以说是全科医生，现在培养的医生脊柱方面的只做脊柱，关节方面一点知识都没有，所以知识面确实很重要。同时做医生也要非常细心，时刻想到病人，不能有误诊或者漏诊。我记得有个案例是一场车祸，父亲骑助动车带女儿被汽车撞了，小孩儿在当地附近医院手术,脾破裂切除了,很快痊愈了。父亲同样是脾破裂,被送到大医院,从医院的急诊室推到CT室,等着做CT,结果耽误抢救时间了,由于未及时诊断及时剖腹,病人没救过来。实际上临床医生要根据病情,做出全面评估,不能盲目做非必需的检查,从而延误病情导致死亡,太冤了。

陈 唐老师,原来的误诊率有没有这么高?

唐 以前呢病种比较简单,自行车撞自行车,现在都是汽车撞汽车,高能量损伤。影像学的发展也太快了,以前我们就是靠病史和检查,腰椎间盘突出症我看了X线片就要开刀啦,没有核磁共振和CT,那个时候倒反而很谨慎,因为没有太多的影像学辅助嘛。现在呢,就凭一张影像片,一看,"你是椎间盘突出",但是病人没有症状和体征啊。我那天门诊看到一个病人,他腿也不痛,就是腰痛,两个月了,去上海大医院看过。我看了以后说第四腰椎处是有一点点怀疑滑脱啊,腰椎有一点点椎管狭窄,因没有明显的症状和体征,病史也短,可以观察,不需要立即开刀。但是上海某医生就叫他开刀,费用约15万。他到我这里看,我讲不需要开刀,并且给他做了详细的解释。病人感到非常满意,高兴而归。

陈 您不是说他痛了两个月吗?

唐 我们认为腰痛两个月算短的了,又不是两年。我碰到过一个香港来的病人,痛了两个礼拜,我们护理学院院长薛小玲认识的,叫我看。某个三甲医院就说你要开刀了,不开要瘫掉了。我看过后判断,根本不需要开刀。医生应该扪心自问,如果是你母亲痛了两个礼拜,你会建议马上开刀吗?这个病人MRI检查下来,颈椎虽稍有点问题,但是假阳性高达30%~50%,所以我说影像学改变一定要与症状、体征相符,才可确诊。

人生追梦

- 医生要换位思考，以病人为中心，让病人得益，并做好医患沟通，医患关系才会融洽。
- 骨科界像我这个年纪还在做手术的比较少。比如腰椎间盘手术，我现在开起来不比年轻医生慢。有些大一点的手术呢，病人非要叫我上，站立四个小时我还是可以的。
- 先辈将医学定位为『仁术』，是以人为本的学科。『仁』者人也，『仁心』爱人之心也，唯仁者寿。

淡泊名利　懂得感恩

陈　您的英语是在上海读中学时学的吗?

唐　新中国成立前上海老百姓都会讲些"洋泾浜"英语,夹生的英语到处可听到。苏州大学中文系蔡希杰老师是我在民立中学读高中时的同班同学,他常会来医院找我忆旧,会情不自禁地回忆起温馨的校园和学习成长的经历。他曾对我说:"我们的英语还是在高中打下了良好的基础。"我们的授课老师大都是洋学堂圣约翰大学和东吴大学毕业的,他们学生时代在校园内均用英语,出布告也是用英语,除中文课外,教师上课大都讲授英语,用英文课本。我们读的普通化学,名叫"勃康化学",上课时老师就是用英语讲授的。我们的外语老师像一个老华侨,我们背后都叫他老Jack。他再三强调国际音标的重要性,语法是研究英语词形变化和句子结构的一门学问,掌握了结构的规律,有利于理解和分析句子。他还要求我们懂得字典上查不到的词形变化和句子结构的规律,但不能让语法捆住手脚,要看原版书,语法在学原文过程中才会逐步深化。学外语没有捷径,懒人是学不好外语的。

陈　您入大学时新中国刚成立不久,那时要打倒帝国主义,英语还能继续学吗?

唐　入大学后还是学的英语,俄语是在1954年后才要求开始学习的。我的英语老师的名字叫Charles,至今我还记得。他的发音很标准,讲的是普通英语。我在高中学习英语的基础上,又有了进一步提高。

老师授课时用到的医学专业英语词汇,包括解剖、生物、生理和药理等方面的,我通过不断背诵和记忆逐步掌握。特别是解剖学,通过尸体解剖实践懂得了解剖知识后,再阅读英语解剖医学专业书籍就比较容易理解。我爱人的叔叔唐钟千是圣约翰医科毕业的,他将一本他用过的原版《Gray's解剖学》送给我。我从中不仅学会了专用词汇,也提高了阅读能力。一般的原版教科书容易懂,文献专刊里

1990年，唐天驷赴加拿大参加SICOT会议留影

面的理论性文章要不断钻研。因为医学进展较快，要知道世界前沿信息，必须学习国外先进知识，这对今后职业生涯的发展有很大帮助。虽然在"文化大革命"中，知识分子是"臭老九"，责骂我们"只专不红"，但我仍偷偷地学习专业外语，没有松懈。英语要发音正确，必须查字典，学习国际音标的发音，否则外国人听不懂就要闹笑话。因此，在国际学术交流时，不管是主持会议或大会发言，我的压力还是很大的。我曾参加美国的世界骨科大会（SICOT）和菲律宾的疼痛专题研讨会，事先我把幻灯片上的英语背熟，才不至于出洋相。

陈 听说您在大学时还学过德语，Dick的《脊柱爆裂性骨折的内固定》原版是德文的吧？

唐 是的，在大学时教药理的教授梁冠英是从上海请来的，因为药理学的药名都是拉丁文的，与德文语系类似，他教了我一年德语。生物学陈伦裘教授，是德国留学回国的，他用的生物学专用词都是德文的。

如果能不断深入学习，德语应该说是比较容易的。因为有了英语的基础，英语与德语是同一语言体系。英语和德语都是26个字母，读音不同但类似。德语一字一音，用不着国际音标，很容易发音，但英语发音较难，有元音和辅音音素，虽有读音规则，但还必须用英文字典，采用国际音标发音。但德语的名词有阳、阴、中性三性，背单词时要连同词性der、die、das一起记住，不像英语只要背单词即可。如"经椎弓根"英文是transpedicle，德语是transpedikuläre；"加压器械"英文是compression instrumentation，德语是kompressions instrumentarium。

陈 八年抗日战争期间您还在读小学，当时上海已被日本人侵占，听说小学也要读日语，是吗？

唐 是的，小学时记忆力好，记得日本的语音单位音素是由五十音图构成，所谓平假名和片假名。片假名类似中国的楷书，平假名如行书，笔画可以连起来。至今这些片假名アイウエオカキクケコ……我还能读得出，并顺口溜背得出。平假名看了能读，但单一音素已经忘了。日本将很多汉语词汇吸收到日语里来，但其读法与汉语不同，还有来自英语的外来语和混合语，例如东京旅馆，写作東京ホテル（Hotel）。

陈 按道理说应该有很多领导、名人找您看病吧？

唐 嗯，譬如原来的江苏省委书记沈达人，他还在常州工作时我到常州帮他看过病，他平易近人，待人诚恳，我颇有感触。退休以后由于颈椎歪斜，他又来苏州找我看。我诊察后发现歪斜并不严重，颈部活动功能尚好，又无神经症状及体征，因此无须特殊处理，嘱其锻炼颈项肌。无锡市委原副书记周解青，曾任无锡市委宣传部部长，文笔非常好，常常奋笔疾书到深夜。24年前因腰腿痛卧床不起，我为他做的腰椎间盘突出症手术，至今他都非常满意。2016年他还邀请我去无锡为他堂妹做颈椎病手术。当年山西临汾的一位地区专员，因患腰椎间盘突出症，到处求医，最后慕名找到我。我专程去山西为他手术，术后已30余年，至今疗效满意。90年代我曾为浙江省中医院大学的肖校长做过两次腰椎间盘手术，肖校长也是一位骨科医生，至今疗效满意。我还在他们医院开展过多次脊柱侧弯矫形手术（Harri-Lugue

手术)。

陈 还有就是汶川地震的时候,您是江苏省专家组组长,当时的情况是怎样的呢?

唐 那一次是在南京,对伤员进行大会诊,到各大医院去看望伤员,给他们提出治疗意见。我是江苏省专家组的组长,每个医院都收治了很多伤员,那么每个医院都要去看,今天在这个医院明天在那个医院,江苏省人民医院、鼓楼医院等都要去。震区的伤员送过来之后,处理起来都比较复杂,因为时间长了都有不同程度的感染。

陈 当时有没有什么印象深刻的病例?

唐 有一个十几岁的伤员,一条腿已截肢,他说自己喜欢打篮球,今后打篮球不好打了,心里很郁闷。我鼓励他说残疾人也可以打篮球啊,现在假肢的功能也很好,装个假肢也可以打球的,今后还可参加残疾人运动会呢。他开心地笑起来了。

陈 您有没有遇到过看不好的病?就是说病情复杂,无论诊断还是治疗都比较棘手的病人。

唐 医生是人,不是神。"生老病死"是人生必然的规律。很多疾病如恶性肿瘤、高能量多系统损伤、多脏器衰竭等尚是世界性难题,如与患者沟通不充分,医患冲突概率会增加。脊柱损伤特别是颈椎损伤合并四肢瘫痪的病人,诊断应该没有问题,但治疗极为棘手,即使做了前后路联合减压内固定手术,截瘫恢复的概率还是很低,因为脊髓损伤后无法再生。

陈 我记得上次跟您查房,您看了那个胸腰椎损伤截瘫的病人,出病房以后跟我们说,他自己还不知道以后不能走路。他的预后会很差吗?

唐 这个病人双下肢的感觉、运动都没有,就意味着完全瘫了。他也不懂,还以为我们手术以后他就很有希望恢复功能。如果治疗半年没恢复的,就基本没希望了,一年后没效果的就肯定没希望。脊髓损伤是目前为止国际上没办法解决的难题。颈椎骨折四肢瘫痪,如果不全瘫,都能恢复。就怕完全性瘫痪,一点不能动,肛门周围也无痛觉,这样多数是不能恢复的。还有一些难处理的问题是肿瘤,所有的肿瘤除了脑瘤不转移到骨头外,其他身体部位的肿瘤都可以转移到骨头,最多的是这四种,为便于记忆就叫作"三腺加一个肺",即前列腺肿瘤、甲状腺肿瘤、乳腺肿瘤加一个肺肿瘤,这些是最常见的几个肿瘤当中容易转移到骨头的,特别容易转移到脊柱。假如50岁以上的人脊柱有破坏,百分之五十要考虑为转移癌了。

当然，转移癌现在也有一些治疗办法，包括放疗、靶向治疗和免疫疗法，还有一部分病人可做手术。有时候母瘤很小，像黄豆大，或者母瘤已经切掉了，现在又生了一个转移瘤，也是可以考虑手术的。这种手术创伤极大，效果也不是太理想，预后也是比较差的。骨科中还有四肢骨肉瘤，大部分生长在膝关节周围、股骨下端和胫骨上端，恶性程度很高。过去患了骨肉瘤，即使截肢，一年内大部分患者都死于肺转移，现在有化疗，术前术后大剂量化疗，五年生存率提高到60%以上。苏大护理学院院长的一个亲戚，患了骨肉瘤，在我这里看的。他先做化疗，化疗完了以后截肢，截肢以后又化疗，术后已经30余年，到现在活得很好，博士毕业后也结婚了。苏大曾有一个女研究生，患了恶性纤维组织细胞瘤，治疗之后一直很好，留校当了老师。我也曾经碰到过一个不大讲道理的病人家属，他说"你们不是说骨肉瘤大多数是要死亡的吗，我儿子怎么还活着，你们一定搞错了，把我儿子腿截掉了"。他怀疑不是骨肉瘤。当然我们都有临床病理依据的，绝不会错误地把正常的腿截除。

陈 我冒昧地请问，您行医多年来有没有遇到过医患冲突？

唐 外科医生开刀，不论手术大小都是一种风险，除非你已封刀了。减少人为差错是我们做医生的责任。2008年以来，哈佛大学外科大夫兼教授Gawande医生领导制定了WHO的一整套手术安全标准——倡导"安全手术，拯救生命"。

我年轻时，70年代前不存在医患冲突。当今的医疗体制下，个别医生为了创收，在治疗手段上"只选洋的、贵的，不选简单的、效果好的传统方法"，医生把病人当成赚钱的工具，病人又把医生看成牟利的商人，医患关系不是救死扶伤的关系，而变成一种利益关系。因此，一旦发生手术疗效不佳，甚至发生医疗意外，病人又是人财两空，难免发生医患冲突。医生要换位思考，以病人为中心，让病人得益，并做好医患沟通，医患关系才会融洽。我行医60多年，有幸没有遇到过医患纠纷，做一个好医生必须要有底线意识。

陈 据您个人所知，像您这样86岁还拿手术刀的，苏州或者全国骨科界还有没有？

唐 骨科界像我这个年纪还在做手术的比较少。比如腰椎间盘手术，我现在开起来不比年轻医生慢。有些大一点的手术呢，病人非要叫我上，站立四个小时我还是可以的。有的情况下，我就在旁边指导，不过有时在旁边看比自己开还累。在旁边看的话，比如说主刀医生手术中找不到突出的椎间盘，我得帮他分析是不是定位错了：过去是延长切口找到骶骨第一节，再往上数，现在可以在C臂X线透视下定准位置。

手术台上如果我再问他"神经根找到了吗？"他说"这根好像是神经根"，这个不能好像的哎，是神经根就是神经根，如果这个神经根损伤了，人的下肢会致残的。所以我必须再三问"这个到底是不是神经根？"若对方还不是很肯定，这时我只好洗手亲自上手术台了。

其实解剖结构就像我们开车用导航仪一样，这条路是不是去苏大的，路线不能搞错。不认识解剖结构，就好像迷路一样。又因为他没经验，有经验的人一看就知道是什么解剖结构，什么组织一目了然。这说明手术过程中解剖结构是十分重要的。

陈 现在回想一下60多年的从医生涯，您有没有更深层次的感悟？或者说您最大的收获是什么？

唐 大学毕业，仅仅是学做医生的开始，一个人的机遇对他的人生而言是很重要的。以我个人经历来说，毕业分配在哪个学校或哪个医院，哪一个平台很重要，假如我当时分配在卫生院，大家都不看书，工作条件差的话，几年下来也提高不了多少，所以很多人来读研究生的目的就是为了提升自己的平台，平台的确很重要。我们医院就给了我一个很好的平台，假如没有我们医院这个平台，就不会有我今天的成就，所以我对医院有一种感恩之情。心存感恩就会把工作看成一种恩赐、一种馈赠。因为接受了恩惠而感恩，所以对工作更加负责，能创造更好的业绩。

我的医学启蒙老师之一是李颢教授，他本来是上海第一人民医院胸外科的主任医师，后来到了南通，他是当年建议把南通医学院搬到苏州的主力之一。他是民主党派，后来被错划为右派。他当年讲过一句话，"我们医生是从死人堆上爬出来的"，这句话实际上是说，医生要取得临床的经验，就必定会在手术中遭遇病人的各种情况，包括死亡，也不能完全避免手术中的失误，甚至导致病人死亡。道理是这个道理，但当时就因为这句话被打成了右派。近期英国医学杂志在关于"减少人为差错"的一篇文章中，医疗委员会主席Kennedy爵士也提出这一问题。当年他负责调查布里斯托尔皇家医院（Bristol Royal Infirmary）29名心脏外科患儿死亡事件，并由此成名。这个问题与李颢教授所讲的类似。

我后来也是因此未进胸外科，进入了骨科，正好有机会去天津进修骨科。经过20多年，我在临床工作中勤于实践、勇于创新，在理论上乐于钻研，20世纪80年代末在国内首先采用椎弓根内固定技术，得到全国同行的一致公认和重视。

唐天驷在李颢教授八十华诞宴会上

1990年由北京协和医院吴之康教授推荐,任中华医学会骨科学分会脊柱外科学组组长(第三届和第四届),后来又被选为中华医学会骨科学分会副主委,当时在江苏省医学界是没有先例的。凭良心讲,当时我也没想做这个副主委,由于在脊柱内固定方面做出的成绩,常委投票选举,把我选上了。记得更早的时候,江苏省骨科学会在南京选举秘书,省内同道都推荐我做,那个时候我还年轻,董天华主任有不同意见,他说苏州太远,不方便,还是你们南京推荐一位专家做吧。后来吴之康教授推荐我做脊柱外科学组的组长,脊柱学组的组长就相当于全国脊柱外科的一把手。我说北京太远了我不宜担任,他却说现在是信息时代,怎么不好做?他说椎弓根技术在全国的影响力已经很大了,我应该做组长,所以他大力推荐我做。再后来,中华医学会组织部部长也积极推荐我任全国骨科学会副主委,她还说在这方面不能客气的。

我有幸被中华医学会骨科学分会派到香港、台湾去参加会议,我是最早的一批去学术交流的。那个时候我问他们,你们的学会怎么一年就换一届,港台的同行讲"要大家都做做"。江苏省骨科学会三年换一届,这是我定的,我做完一届主

唐天驷与吴之康教授在会议中

唐天驷与戴尅戎院士在第六次全国骨科学术会议上

唐天驷与邱贵兴院士（右）和周赞主任合影

与重庆医科大学吴祖尧教授在香港年会上合影

在苏州2008年COA大会上，唐天驷与唐维新会长（右二）为获奖者颁奖

委，推荐了省人民医院的王道新主任接班，接下来就是邱勇和杨惠林。

当时江苏省卫生厅的领导唐维新，他后来是江苏省医学会会长，我们一起去南京开会时，他就后任省骨科学会主委的人选征求我的意见，邱勇和杨惠林两个人哪个先接主委的班？当时他们两个都不在场，我首先很自豪的是，他们两位都是我的学生。我说我的意见还是邱勇先上吧。为什么呢？我给杨惠林创造的机遇更多，在同一单位我还可以继续帮他发展，当然最终还是他们自己努力的结果。所以我即刻同唐会长讲，让邱勇先做。当然邱勇所在的鼓楼医院，在国内外都很有名气，我这样建议也是对鼓楼医院的认可与尊重。假如我争着要杨惠林先做，在我们兄弟医院间产生矛盾，对双方都不利。所以唐会长当时也很高兴，觉得我高姿态。他说："我从来没有对一个人讲过'德高望重'这几个字，但是今天我讲了，唐主任您真的是'德高望重'啊，你决定了就行了。"

后来在省骨科学会的会上决定，骨科学会主委和委员每三年换一届，省内其他学会也都是这样安排，三年一换。

医药之家　生活点滴

陈　您不仅仅是一位好医生,也是一个好儿子、好丈夫、好父亲。您能讲讲家庭生活的情况吗?

唐　2016年春节期间,我96岁的堂姐来上海我哥哥家走亲戚,带来了一张老照片,是我和哥哥姐姐四人的合影。照片大约拍摄于1935年,当时我大约3岁,小姐姐5岁,哥哥8岁,大姐姐9岁。从照片上可以看出,两个姐姐穿的旗袍和连衣裙是用同一种花式的布料缝制的,无疑都是出自母亲的巧手。

母亲含辛茹苦把四个子女拉扯大,我是她最疼爱的小儿子,对母亲的感情也格外深厚。1957年我和唐莹在上海办完简单的婚礼后,在苏州成立了新家。50多岁的母亲随我们来到苏州,她的后半生过得非常幸福。老太太心地善良、正直、通达人情、善解人意,一生爱自己的家,爱小辈,受到邻居和亲朋好友的赞赏。她居住在上海几十年,但还是一口"无锡乡音"不变,还经常念《心经》来保佑全家,只求平平安安、健健康康。虽是文盲,但整篇《心经》我母亲念得滚瓜烂熟,我在她旁边听着听着也能背得一字不漏,但只会用无锡方言背诵。姐姐、哥哥都不会讲无锡话,唯有我和母亲最亲近,靠在她身边,经常用无锡话和她在一起谈心,引她开心。

我母亲80岁后患上胆囊炎,深夜频繁发作,挂盐水时我常陪她到天明。当时又没有B超,诊断就靠临床经验,最终选择手术。当时母亲身体比较虚弱,用血库的血我又不太放心,就自己献了两次血输给母亲。母亲以乐观的态度配合医生,身体很快恢复,术后生活自理、思路敏捷,度过了幸福的晚年,1989年逝世,享年89岁。

当时我们一家住在医院附近的小巷里,生活条件差,没有自来水,更谈不上

唐天驷和哥哥为母亲庆祝八十寿诞

抽水马桶,我就替母亲拎马桶、倒马桶。冬天室内温度很低,母亲又爱清洁,我就用塑料的帐篷围着木盆,帮母亲洗澡,问她冷不冷,母亲一直讲不冷,但我还是往浴盆里不断地加热水,帐篷内闷热,自己忙得满头大汗。浴后,我把母亲抱到床上,用热的盐水瓶给她当热水袋,帮她把棉被盖上。她开心,舒服得不得了,激动地说,"我儿子就是'天下无双',世上再没有第二个"。

陈 您和唐莹老师48年鹣鲽情深,您曾经说唐莹老师的离世让您悲痛不已。

唐 我与唐莹是同乡、同龄、同学、同事。在南通读书期间,三年级后两人分配在同一小组,接触机会多了,彼此有些了解,但还未确定关系。毕业统一分配时我们被分配在两地,通过通信进一步相知。

唐莹出身名门,是大家闺秀。唐莹的父亲唐振千是毗陵唐氏家族中的一支——无锡东门支景溪公分支第二十世唐毓源的长子。唐莹受父亲的训导,虽家境富裕,但生活简朴,工作勤奋。在校期间,由于普通话标准,当同学们还在梦乡之中,她已经到校广播台开始广播了,"老师们,同学们,早上好,南通医学院广播台开始广播了"。她在南京鼓楼医院实习时,妇产科著名教授刘本立、邢淑洁都非常喜欢她,她一点都没有大小姐的娇气,做事干练果断,为人正直,师生关系和谐。她钻研医术,爱岗敬业,善待每一位病人;教学有方,上课条理清晰,引人入胜,发人深思,同学和同行都一致对她好评,教学能力是学校所公认的。唐莹的学生对她的上课风采至今仍记忆犹新。妇产科医生半夜出诊是常事,唐莹经常被同事、产妇家属半夜敲门叫醒,她继承医学前辈的传统理念,总是一喊就到。

唐莹母亲1955年因高血压引发脑溢血而离世,年仅47岁。唐莹为防止家族遗传,长期服用降压药。"文革"期间,为了响应毛主席"6·26指示"和"一定要消灭血吸虫病"的号召,她在下乡"除害灭病"期间不幸染上了血吸虫病,由于忙于事业,根本没有重视,也没有治疗。后来出现了胆汁性肝硬化,请传染科专家会诊,B超提示"典型的血吸虫病肝硬化",已经进入了晚期,药物治疗毫不见效。2004

2000年在苏州东山雕花楼,左起:唐珊(妻妹)、唐维维、唐珏(妻妹)、唐莹、唐天驷

年9月唐莹在家里突发食道静脉破裂呕血,用救护车急忙将她送往医院。此时唐莹已经有了严重的腹水,医院领导和医务人员虽给予了很大的支持,但病情也未得到好转。当时我心急如焚,因为焦虑,胃小弯部查出两个巨大的溃疡,差点要考虑胃切除,幸亏儿子唐迪回国,考虑为应激性溃疡,坚持让我用药物治疗,后来才慢慢恢复。每当唐莹呕血,我就心急慌乱,曾两次把钥匙挂在门背后却随即关上了门,打"110"叫开锁师傅来也无法打开,只能请消防队员爬窗而入,取出钥匙。2005年8月3日是一个不幸的日子,在这个炎热夏天的下午3时15分,唐莹的病情恶化,意识蒙眬,呼吸极度艰难,双眼紧闭,像是诀别前的抽泣,虽然心跳一度顽强地维持着,但最终停止了呼吸。这是一个悲痛的时刻,唐莹平静地告别了人世,享年74岁,从此"黄鹤一去不复返,白云千载空悠悠"。

陈 您的一双儿女,现在的生活都很美满,他们从您和唐莹老师那里继承了什么呢?

唐 1958年我们的长女唐维维出生。当时我们天天开会,不时要下乡,只能依靠祖母照顾和管教。唐维维刚读小学一年级就遇到"文化大革命",书读得不多,但自己非常用功好学。她在苏州第十中学高中毕业后,按照当时苏州市的政策,长子长女可以不下乡,于是她进入苏州第三光学仪器厂工作。她工作期间半工半读,进入苏州业余工业大学读书,完成了大专学业。唐维维爱好书画,近五年来她师从粉画巨子杭鸣时、丁薇老师。在两位老师的精心指导下,她的粉画作品分别在2014年、2015年和2016年苏州粉画展览和"苏州、安徽联展"中展出。2017年作品《印度少女》获苏州首届文华奖,并在苏州美术馆展出,同年又在粉画艺术网"网上画廊"在线展出。作品《无声》入选2018上海粉画展。现在她也是苏州美术家协会会员。唐维维把祖母的"舌尖上的味道"传承了下来,她做的菜美味可口,还经常做些创意小点心,大家都很喜欢。唐维维1984年结婚,先生谢持平出生于上海,毕业于合肥工业大学土木工程系,是供电局注册建筑师,1985年女儿谢奕希出生。谢奕希读书聪明,懂礼貌、素质好,在澳洲卧龙岗大学毕业后回国,靠自己努力,经过多轮英语面试,顺利进入上海4A广告公司工作,我为她感到骄傲。

唐莹对孩子管教比较严,她重家教,重视孩子的成长。孩子见到我倒不怕,我会陪他们玩,教他们骑自行车、游泳、打羽毛球,从不打骂他们,会和他们坦诚地交流。

我的儿子唐迪1960年出生,1978年高中毕业,很幸运那是恢复高考的第二

唐维维的粉画作品《印度少女》

2018年4月,唐维维为父母创作的粉画肖像

年,以他的高考成绩,上海第一医科大学和复旦大学生物系的录取线都达到了。我们都动员儿子学医,当时医患关系尚好,医生是崇高的职业,是健康的保护者,在家庭环境的影响下,他同意学医了。行医是个苦行当,医生是苦尽,病人则是甘来。唐迪在上医读满5年,我不希望儿子和我同在一个医院一个科室工作,所以把儿子推荐到南京鼓楼医院。当时鼓楼医院的院长是泌尿外科专家周志耀教授,他很坦诚地问我,您儿子很优秀,但不知道是"飞鸽牌"还是"永久牌"?我一时很难表态,无奈之下只好讲了一句"飞鸽牌、永久牌都是名牌"。周院长笑着说,"好吧,录取了"。唐迪在鼓楼医院从1983年工作到1987年,在韩祖斌、李承球和朱丽华等教授的精严培养下成长迅速,不仅学到了医学知识,更学会了怎样做人。

在鼓楼医院的勤奋工作,让唐迪在1987年得到了去美国深造的机会。1991年他在美国考取了医师执照。外国人考这个执照要考三门科目:基础、临床和托福。考卷内容多变,每三秒就要完成一道选择题,做20~30道题才能获得1分,拿到75分才及格。这么严格的甄选,考察的是应试者对知识的熟悉程度和反应能力。唐迪现在美国任临床病理科医生,所谓医生的医生(Doctor's doctor)。拿到医师

1991年,唐天驷夫妇赴美参加儿子唐迪和儿媳李兰迪的婚礼

执照后,唐迪经人介绍认识了现在的太太李兰迪,"双迪"很快走到了一起,非常般配。唐迪不是"成家立业",而是"立业成家",等考取了医师执照再结婚,这样就更完美。

儿媳李兰迪有教养、有尊严、有良知,秀外慧中,娶她是唐迪一生的幸福。唐迪和李兰迪有两个女儿,大女儿艾艾,小女儿恬恬,两个孩子相差4岁。艾艾属猴,与我整整差了60岁;恬恬属鼠,小时候她外婆最喜欢她,经常唱儿歌给她听,什么"小老鼠偷油吃,上灯台下不来,哇啦哇啦叫奶奶"。艾艾已读完美国东北大学药理系博士,8年的博士学习用了6年就拿下来了,去年毕业后被耶鲁大学的纽黑文医院(New Haven Hospital)录用,现在进入临床,研究药物应用的安全性。恬恬和姐姐读的是同一所学校的同一个专业,她读书也特别勤奋,在校成绩优异,2017年在哈佛大学附属医院做实习生,今后有望朝着药理学研究方向发展。我们全家三代可以说是"医药之家"了。

老骥伏枥　长寿秘诀

陈　您能说说您的长寿秘诀吗?

唐　过去常常听人说"人生七十古来稀"。最近我听了一些欧洲古典音乐,真是给人美的享受,百听不厌。这些音乐大师在那个年代生命都是短暂的,大多终年只有三四十岁,过七十岁的确实是少数。如今八十岁也只能算是个小弟弟,人活一百岁也不是不可能,这跟医学发展、诊断和治疗手段先进有关。但我认为,长寿是要

2018年8月31日,唐天驷的名医工作室在苏州瑞华医院揭牌

活得有价值，生活要有质量。有些活着的"植物人"，浑身插满管子，被疾病折磨得非常痛苦。我们医院有一个医生，靠插了半年气道管子来维持生命，最后他女儿、爱人想通了，就讲"还是拔掉吧"。有时病人不知道，自己活着但家属服侍得太辛苦，这就没有意义了，无价值的生命延长是不可取的。活着一定要头脑清楚，可以继续工作。对医生的要求是，能不断了解医学进展，还能做手术，手与脑必须相互配合。我到目前为止视力还很好，年轻时也没戴过眼镜。我一直在更新我的知识结构，现在还能到全国各地去参加学术会议，还能讲课和点评。

我母亲活到89岁，大姐81岁因病在美国去世。我大哥今年92岁，小姐姐89岁，均健在，脑子都很清楚。大哥今年还被加拿大批准入境，去看他在那里的孙子呢！今年（2018年）9月，大哥的儿媳和我女儿维维，将陪大哥和我去温哥华探亲、旅游。一直都有人抱怨我国空气污染，食品安全不过关，但生活在上海的我哥哥和二姐却比生活在美国的大姐活得长。环境是一个方面，还有遗传因素，遗传约占70%，环境等相关因素约占30%。我平时不挑食，均衡饮食。我这么大年纪在手术台上站三四个小时都没问题，也相当于是劳动和锻炼。前几年我得了带状疱疹，至今还经常胸部神经疼，但是我一工作就不感到疼了。我行医60多年，一直认为医生是一个以人为本的职业，所以医生要有爱人之心，帮病人看好病也是积德行善。最近我接待了一位百岁的老太太，她是离休干部，股骨颈骨折，已决定做人工股骨头置换术。我检查后认为她是股骨颈嵌插型骨折，无须做换人工关节的大手术，建议她做了一个小切口手术，打了三个钉。术后病人就不痛了，可任意翻身，百岁老人见到我高兴地侃侃而谈，讲她的人生经历。对我来说，这又是做了一件善事。

先辈将医学定位为"仁术"，是以人为本的学科。"仁"者人也，"仁心"爱人之心也，唯仁者寿。做一名医生要有仁爱之心，替他人着想，帮助他人，时刻想着病人"以生命相托"。

最近某一天，我在总院食堂用完午餐，由负一楼上电梯去15楼病房，一个老太上来问我这里是不是一楼，我说是负一楼，她要到11楼，那就跟我们一起乘电梯上楼。在电梯里她看到我的工作牌说："啊！你就是唐主任，我的先生就是你开的刀。"所以我经常遇到很多人都认识我，都曾是我开的刀，甚至四五十年前开过刀的病人也能遇到，有的从小就听说过我的名字但没见过我本人。从医生的镜子里，我可以看到患者的笑容，这是我做医生最大的幸福感。我虽然已经80多岁了，还是有病人会对我说"如果您亲自帮我开，我就开"，说明他们对我的信任。有人说只有自己生过病的医生才是好医生，医生要去感受患者的想法，处处示以诚心与爱心。我觉得认真对待医生这个职业也是我长寿的诀窍。

　　长寿的另一个诀窍是开心。首先是家庭幸福，助人为乐。爱家庭、爱亲人、朋友、同事，更要相互关爱。我们一群七八十岁的老同事和一些年轻人会经常聚在一起，大家喝喝茶、吃吃饭、讲故事、讲笑话。我们的笑话都是医学笑话，比方讲有次开玩笑，说某人因小腿骨折来求医，骨折处缺了一段骨头，无奈只好取一块他家爱犬的小腿骨，再用钢板固定，长得很好，走路不跛，跑得很快，腿也不痛，唯一的后遗症就是每当跑到路上，看到电线杆，他的腿就会翘起来。还有，比方说有一位实习医师在写病历时，因为一直都用电脑，常会写错别字。诊断病人是"肛门发炎"时，他打字写成了"肛门发言"。指导老师就在病历旁边写下"这是屁话"，把大家逗得哈哈大笑。笑口常开，笑一笑十年少，笑可以增加肺活量，改善肺功能，永葆青春。医学笑话很多，有机会可以写成笑话集。

他人看他

黄厚甫：岁月不负深情话名师[1]

我与唐天驷教授有50多年的交往，在工作方面有很多联系，有着深厚的友谊。他是我敬重的专家、教授、老师、朋友和恩人之一。唐天驷教授有许多感动人心的往事，我至今记忆犹新。

一、骨科医师成为闻名遐迩的全科医师

1966年年初，我和唐天驷医生一起响应党和国家的号召，肩负"一定要消灭血吸虫病"的重任，参加了苏州医学院赴昆山县血防医疗队，来到昆山县这个血吸虫病重灾区除害灭病。当时我们到了昆山县陆桥、陆家浜、千灯等地巡回医疗，查螺灭螺，开展血吸虫病普查。我们与当地农民、卫生员、赤脚医生、乡村医生吃住在一起，送医送药上门。此时的唐天驷医生成了远近闻名的"大医""神医""红人"，附近几十里外的农民人人皆知，经常有许多病人排队找上门请唐医生看病。在当时引起轰动的有三件事：第一，骨科医师唐天驷成为人们赞不绝口的全科医生。此时此刻的骨外科医生唐天驷，什么毛病都得看，不分内科、外科、儿科、妇产科。他在陆桥卫生院设备条件十分简陋的情况下，曾经施行过卵巢囊肿切除术、腹股沟斜疝修补术、肠梗阻、甲状腺及其他腹部手术和剖宫产等，为众多病人解除了病痛，受到病人的欢迎和赞誉。第二，他首创运用针灸麻醉切除巨脾手术。当时的昆山血吸虫病泛滥成灾，很多血吸虫病人长期反复感染，病人及其家庭生

---

[1] 黄厚甫，原苏州医学院党委常委、附属第一医院党委书记，苏州大学附属第一医院原党委书记，中国卫生思政工作促进会城市医院分会原会长、名誉会长，中国医院协会医院文化专业委员城市医院分会原会长、名誉会长。

黄厚甫与唐天驷教授有着50多年的交往和联系

活条件差，营养跟不上，贫血并伴有低蛋白血症，不少病人还有脾功能亢进，血小板和白细胞减少……在卫生院开展脾脏手术风险大、难度高，唐天驷医生急病人所急，想病人所想，在卫生院缺少麻醉条件的情况下，他主动提出运用针灸麻醉切除巨大脾脏的实施方案。昆山陆桥的巨脾病人很多，病人想切脾没处切，医生想切脾不敢切。唐医生却用针灸麻醉切除巨脾。病人自己走上手术台，自己走出手术室，喊着"毛主席万岁"的口号走到病房的消息传出后，一个个要切除脾的病人排队等待手术。唐天驷医生用针灸麻醉切除巨脾共106例，开创了无事故、无并发症、无死亡的令人震惊的纪录！这是针灸麻醉下切除脾脏手术史上无前例的新纪录！第三，唐天驷医生发明了"竹裙"和"绿色环保无电空调"。当时在昆山陆家浜有一个患骶骨部巨大神经纤维瘤的农民，肿瘤大如冬瓜，裤子不能穿，无法出门，苦不堪言。唐天驷医生在妇女着装的启发下，为病人设计了一条"竹裙"以解病人难以出门之急需，受到病人与家属的欢迎和好评，但是病人的病痛没有解决，仍有诸多不便。唐医生在全心全意为病人服务和救死扶伤责任感的驱使下，断然决定要在卫生院创造条件为该患者切除这个巨大肿瘤，消除病人的病痛，从根本上解决他"坐不能，睡不平，走不便"的困境。当时，正值酷暑，没有空调，没有电风扇，只能用土法，找个木盆，盛满井水，唐医生自己站立在盆中为患者手术，达到既降温又省巡回护士擦汗的目的，这就是他的"唐氏绿色环保无电空调"。这个病人手术的成功和身体的康复在当地农民中引起了轰动，农民们都为唐天驷医生竖起了大拇指。

1975年,我又与唐天驷老师一起参加了苏州医学院七三级五班在昆山县人民医院的"开门办学"。当时还有著名外科学家陈明斋、著名心脏内科学家蒋文平、中西医结合结缔组织病专家卢君健等。昆山县城南公社车站大队五保户、孤寡老人叶仁新,患有25年之久的股骨慢性骨髓炎。唐天驷老师和我与班委会通过全面

在昆山"开门办学"时,唐天驷(前排左二)、陈明斋教授(前排右一)与工农兵大学生合影,前排右三为患股骨骨髓炎经唐天驷手术治愈的老农民

发动，精心准备，决定给予老人手术治疗。唐老师还带领同学们和赤脚医生仲林根一起送医送药上门，每天到老人家里换药，全班同学踊跃报名自愿陪护老人，纷纷要求给老人献血，共产党员窦秀珍等三位同学献出了自己的鲜血。在唐老师和师生们的悉心照料下，25年经久不愈的"老烂脚"终于奇迹般地治愈了，村民们喜出望外，奔走相告。通过对叶仁新老人慢性骨髓炎的治疗，学生们不但学到了为人民服务和救死扶伤的思想，以及关爱劳苦大众的精神，而且学到了书本上学不到的知识。这位孤寡老人的腿一直浮现在他们眼前，印在他们的脑海里。一位好老师、好医生可以改变人的命运，使医生职业的自豪感油然而生。这批工农兵学生毕业后在国内外各医院工作，不少人还成为医院的领军人才和骨干力量。这与唐天驷、蒋文平等老师的言传身教，对同学们的耳濡目染是分不开的。病愈后的叶仁新老人和赤脚医生仲林根多次来苏州看望和拜访唐老师和我，从此我们之间结下了不解之缘。

二、亲历胞妹腰椎粉碎性骨折手术，深知脊柱内固定技术开拓者的不易

　　1983年春，我四妹厚勉，小学教师，在骑自行车上班途中，自行车龙头挂了一袋沉重的大米，车后座上带着70岁的缠足小脚老母，在乡间水泥桥上遇上相向而行的骑车人，两车要在狭小的双块水泥板桥上交会，我妹妹精神紧张，自行车龙头晃动，米袋不平衡，左右摇晃。刹那间，我妹和老母摔出车座掉入河岸边芦苇丛中，自行车、米袋一起落下，经路人发现后抢救而幸免于一死。路人和乡亲将两人送到盐城县人民医院检查抢救，确认我的老母亲除轻微擦伤外无大碍，而我妹妹腰椎第四、五关节粉碎性骨折，不完全性截瘫。盐城县人民医院和盐城地区人民医院骨科专家及某附属医院骨科主任会诊后，认为无法手术固定和修复。我妹妹将面临长期卧床、瘫痪、残疾和不能行走的厄运，她幼小的儿子将无人照顾。危难之时，我在盐城打电话向唐教授求救，唐教授不辞辛劳利用休息时间专程连夜赶到盐城县人民医院进行全力施救，经哈氏棒固定减压植骨等手术，疗效满意，我妹喜获新生，重新走上讲台。这件事在当地医院医护人员和民众中引起热烈反响，唐天驷妙手回春，"救命恩人"的称呼在盐阜大地传扬！

　　胞妹的经历，更让我亲见了脊柱内固定技术的神奇和不易。20世纪80年代中期，唐天驷教授开展治疗不稳定性胸腰椎损伤复位内固定系列研究，解决了长期

困扰我国骨科医学领域的胸腰椎骨折复位难度大、并发症多的问题。

唐天驷教授在国内最早开展了三维可调短节段椎弓根内固定治疗胸腰椎骨折的系列研究,并率先将这一技术成功应用于临床。作为一个骨科医生,唐天驷教授时刻关注着骨科领域的最新进展。当他在国内率先开始椎弓根内固定研究时,近乎"从零开始"。当时,只有瑞士、法国等少数国家开展了椎弓根内固定的尝试,英文文献尚未见公开发表。当年他在仅获得一本瑞士医生Walter Dick的德文版专著的情况下,首先对国人脊柱胸腰椎做了详细的解剖学基础和生物力学研究,并加以改良,设计了操作简便、固定可靠的新型短节段椎弓根内固定系统,使我国脊柱外科进入一个崭新的历史时期,他因而成为我国脊柱内固定的先驱者、开拓者和学术带头人之一。

20世纪90年代后期,他又将椎弓根技术成功应用于颈椎,后又创造性地将椎弓根螺钉技术与椎板钩巧妙结合治疗腰椎滑脱症和进行腰椎峡部裂修补术,均为国内首创。

"脊柱后路经椎弓根内固定"由他破题,历经艰辛,前后付出了近20年的心血。在这近20年中,唐天驷教授尽心竭力,目不窥园,深居简出,焚膏油以继晷,恒以兀兀以穷年,历尽心血成正果。

"脊柱后路经椎弓根内固定的基础和临床研究"2003年获江苏省科技进步一等奖,2004年获国家科技进步二等奖(江苏省医学界首次),为江苏省、苏州大学和附一院赢得了荣誉。

三、癌症乡长"死而复生",医生的诊疗水平影响病人的命运

当年盐城南郊潘黄乡有一位45岁身强力壮、年轻有为的乡长钱有广,他右臂中部(注:肱二头肌和肱三头肌肌腹部)有一个慢慢长出的不红、不肿、不痒、不痛的小皮丘,从鸽蛋大小长到鸡蛋大小。他自己认为是劳动负重和练举重长出来的,开始根本没有关注和重视。后来盐城县和地医院专家认为是肿瘤,需要手术,这才引起他的重视,并决定到外地省级大医院诊治。经专家诊断为纤维肉瘤,住进了肿瘤医院开刀切除,术后进行了抗癌药长春新碱的大剂量的冲击疗法。一个身强力壮的乡长被彻底打倒了,在病情危重之余,在冲击疗法进行之际,医院的抗癌药长春新碱缺药,医院、医生和乡领导及家属想到了苏医附一院有血液科,肯定有这

个药,又想到了我这个老乡会帮忙。他们一方面紧急派人专门开车来苏州找我到苏医附一院买长春新碱;一方面派人回盐城老家准备丧事,买丧衣,置棺木……这时我想到唐教授并告知情况,唐教授听后告诉我:这可能是软组织的纤维肉瘤,无须大剂量冲击疗法,这种生长缓慢、低度恶性的纤维肉瘤常见于中年男子,好发于躯干,一般无症状,切除不彻底易复发。另外,可以立即转院到苏州住院,肿瘤复发可再次手术治疗。转院到苏州后,经唐天驷教授的精心治疗,患有纤维肉瘤的钱乡长不仅没有死,而且康复并继续工作了。三年中经唐天驷教授亲自手术,广泛切除复发的纤维肉瘤,复发三次也都做了局部手术切除和局部照射,钱乡长完全康复。这个消息震惊了盐城和城郊的乡亲们,"死而复生"的乡长成为特大新闻,唐天驷教授让这位乡长多活了35年!

这里有三大原则性问题:一是肿瘤恶性程度决定不同的治疗原则;二是医生的诊疗能力和水平直接关系到病人的健康、生命与病患全家的命运;三是医生的医德,为病人服务的思想、责任与使命感往往比技术水平更重要。

四、唐教授是师生文明共建、教书育人的先进典型

从20世纪八九十年代到21世纪初我在苏州医学院和苏州大学(苏医)附属第一医院工作期间,杜子威、唐天驷、蒋文平、阮长耿、杨克成、吴彩云、刘春风等十位老师被评为师生文明共建"三育人"的先进典型,其中杜子威、唐天驷、杨克成、吴彩云等老师的先进事迹尤为突出,唐天驷还参加了核工业总公司的先进代表大会,进行先进事迹巡回报告。

唐天驷教授教书育人,为人师表,培养的40余名硕士研究生和博士研究生在业内多有所建树,其中还包括两名中华医学会骨科学分会的现任常委杨惠林教授和邱勇教授,这在国内骨科界可以说绝无仅有。

1991年,杨惠林在唐天驷的指导下完成了他的硕士毕业论文《胸腰椎骨折前路减压与稳定性重建的研究》,得到了答辩委员会的高度评价,评委说按照论文的水平,当给杨惠林授予博士学位。通过3年的不懈努力,1994年杨惠林的博士毕业论文《钉杆角弓根内固定系统治疗胸腰椎骨折的研究》又得到了国内骨科专家们的一致好评,杨惠林也成了国内外提出"钉杆角"理论的第一人,该理念在全国已经成为骨科专家们的共识。杨惠林全心全意为病人服务,受到病人的一致好评,

唐天驷教授（右三）与阮长耿院士（左一）、蒋文平教授（左三）等在江苏省医学会2010年"终身医学成就奖"表彰大会上合影

获得江苏有突出贡献的中青年专家、江苏省医学杰出贡献奖获得者等光荣称号，2017年再获国家科技进步二等奖。

邱勇师从唐天驷教授读研期间的课题就是"椎弓根技术在胸腰椎骨折的应用"。唐天驷教授发现他学习勤奋，知识面广，工作能力强，创新能力突出，专门推荐他去瑞士深造。之后，邱勇又去法国留学8年，学成归国后去鼓楼医院工作。他在脊椎侧弯畸形技术上取得了杰出的成就，创建了国内规模最大的脊柱畸形矫治中心，获得两次国家科技进步二等奖、中华医学科技奖、江苏省有突出贡献的中青年专家、全国五一劳动奖章、全国劳动模范、中国医师奖等荣誉和称号。

从唐天驷教授的两位高足的成长轨迹和成就看，唐天驷教授的教书育人突显品学共育、德术齐秀、德术双馨的特色。唐天驷教授教书育人的指导思想有其特点：一是注重对研究生素质和思想品德的选拔和筛选，把好思想品德的入口关；二是注重优先选拔有医疗工作和有临床基本实践经验的学生进行培养；三是注重培养学生的思维能力，养成勤于思考勇于动脑动手的能力；四是注重品学共育、德术齐抓的原则。从唐天驷教授的教育方法看：其一，抓三基，即抓基本知识、基本理论、基本技能的学习，提高基础能力，培养发展潜力；其二，抓重点，即学习、研究、攻关的重点；其三，抓创新和突破。从唐天驷教授的两个高足的成长和发展的全过程不难看出他教书育人、为人师表的指导思想与教育方法特有的成效和独到之处。

在中国和日本，只有医生和教师这两个职业才能被人们称为"先生"，因为医生和教师是最讲"道"和"术"的，这就是德艺（术）双馨的职业要求，因而社会和大众对医生和教师是最尊敬的。唐天驷教授讲良知、良心、道德，为人师表，树立了正确的义利观，他的教书育人、德术双馨的表率，是令全体师生和病人所尊敬的根本所在！

五、重其德业，以为人师表

古人云：师者，传道、授业、解惑。又云：重其德业，以为人师表。唐天驷教授认为医生是高要求、高技术、高难度、高水平、高风险的职业。外科医生常常是在病人重病、重伤、重残或在麻醉状态下进行治疗和手术，一针针、一刀刀、一切口、一割除、一结扎、一缝合，直接关系到病人的安危。脊柱外科更是高技术、高风险的，稍有失误即会导致病人终身残疾，甚至死亡。唐天驷教授要求自己和学生坚持高度重视每一个病人，每一个诊疗环节，每一个手术细节，因而他创下了数千例脊柱手术无瘫痪、无严重并发症的优佳纪录。在日常医疗工作中，唐天驷教授对每一位前来就诊的病人，不论其职位的高低贵贱，经济上的富与贫，衣着仪表上的好与差，无论工人还是农民都一视同仁，详细地了解病史，仔细地进行体格检查，亲切地待病人如亲人。

良心是古老的伦理概念。孟子将"恻隐，羞恶，辞让，是非"之心谓之为良心。唐天驷教授在江苏省第十二次骨科年会上，以充分的事实、书证、物证、影像等资料论证，并用鲜明的、强烈的对比与分析，提出了一个鲜明的观点，即：良心要比技术更重要。唐天驷教授语重心长地说,古希腊医学之父希波克拉底的誓言每个医务工作者都耳熟能详,要时刻铭记在心。医生职业的责任、付出和使命,就是要对医疗事业、对病人生命存在敬畏、责任和使命感。

唐天驷教授几十年如一日,坚持治病救人,坚持教书育人,坚持全身心地投入医教研,努力实现家国情怀,舍小爱为大爱:他舍去休息、节假日、公休日,坚持小病轻伤不下火线,充分利用时间,一心扑在医疗、教学和科学研究上;遇到重大手术、危重病人抢救、重大突发自然灾害等,他夜以继日、废寝忘食地战斗在第一线。唐天驷教授的爱人、大学同班同学唐莹主任,是苏大附一院有名的妇产科专家、妇产科实验室奠基人、不孕不育专家。唐莹在巡回医疗和防治血吸虫病时数次到疫区工作,不幸感染上严重的血吸虫病,最后发生肝硬化、肝腹水、脾功能亢进,肝功能严重损害,长期治疗、住院、抢救直到病逝。唐天驷教授无怨无悔,千方百计救治;为组织为领导着想,严格按血吸虫病治疗规定办事;在治疗、住院、抢救期间从不特殊,从不苛求;从不影响自己的医、教、研工作。唐莹主任终因抢救无效离世时,全院数百名师生和医护人员为之送行。两位专家教授为人师表、爱岗敬业的大爱精神令全院医护员工为之动容。

唐天驷教授坚持诚信为本,知行合一,以身示范。有一次,他从徐州会诊赶回苏州的途中突然发生尿潴留,他一路坚持9个小时憋到苏州,紧急赶到本院急诊室,尿潴留已经到了忍无可忍的程度。他要求插管,因值班的进修医生不认识他,严词拒绝,要他去挂号。憋尿、胀痛、刺痛的病况已无法忍受,时间也不允许再去挂号了,无可奈何之下,他只好直奔病房,求助病房医生立即给予插管导尿,病房值班医生做了临时应急处理,缓解了燃眉之急。作为一个全国著名专家、资深教授,他又一次深深地体会到看病的艰难和医生关心理解病人的重要。次日,他想到医院安排好的"迎接新工作人员教育计划",由他对新分配来的毕业生做"如何做一个合格的医生"的教育报告。面对突如其来的疾病,他完全有理由推辞,不去做报告,也可以临时请他人代替,但是他依然坚持按原计划走上讲台。经过一番"乔装打扮",他将尿袋安置在裤脚管内隐蔽起来,用胶布作"内固定",不显山,不露水,"带管上讲台"。虽然走路时有些不太自然,但表情还是那样镇定自若,台上台下、会议主持者、组织者、相关科室老师与听众都没有看出来,唐天驷教授还是像以前那样泰然处之。由于职业、职责的驱使,思想和精神的高度集中,他忘记了干扰,生动、风趣的报告感动了全会场,掌声响起,报告结束。他的这种以身示范、带病授课、为人表率的行为与对教育工作极其负责的精神，感人肺腑，令人肃然起敬。

带着导尿管上台做报告，可谓史无前例。这位全国著名骨科专家、苏大附一院大外科主任、骨科主任发生尿潴留"带管上讲台"的事迹从病房传出后，我去看望和慰问他时，发现他竟然没有住院，没有加床，没有在病床上，而是住在医生值班室的叠床上挂水消炎，其人、其情、其景令人感动。

汪康平：睿智幽默的唐天驷老师[①]

回忆是美好的。

我于1958年留在附一院实习，当时内科设在严衙前48号，外科设在天赐庄（原博习医院所在地）。我首轮实习被安排在外科，负责我的上级医生就是唐天驷老师。他博学、幽默、严谨，教学态度认真，医疗上一丝不苟，对实习医生要求极为严格，要求实习医生须一早提前进病房，了解病情变化，换药及观察创口情况，进行空腹抽血，查房时汇报烂熟于心的病史。他带我进手术室，讲解消毒和无菌的区别，洗手要严格认真，穿手术衣要规范有序，戴消毒手套时持内不碰外，戴另一只手套时则持外不碰内，以确保无菌。他还语重心长地严肃指出：千万不要以为实习医生是个次要的助手，无非是拉拉钩，擦擦血，剪剪线，当个配角而已，实际上你上了手术台，就是手术团队中不可或缺的一员，是环环紧扣中的一环，而且必须牢记4个原则：可归纳为四个字母"CASE"：（1）要清楚疾病的初步印象（concept）；（2）要熟悉脏器的解剖途径（anatomy）；（3）要有娴熟的基本技能（skills）；（4）要有快速的应急能力（emergency）。不能上了手术台脑子里却一片空白，要胸有成竹，心有担当。这一切对我后来做心内科介入手术至关重要，也终生受用。他的高标准、严要求，使我在医生成长的起跑线上刻苦工作，写病史有时要到深夜，贴化验单必须工整有序，查房时必须言简意赅，对答如流，不得有误。因此，我必须"鸡鸣起舞，挑灯夜战"，在附一院这个大熔炉里冶炼磨砺，虽经历了一年辛苦，但收获颇丰，获益匪浅。

时光如流水，60年前的实习生活匆匆而过。岁月有痕，雁过留声，无论是夕照

[①] 汪康平，教授，苏大附一院原心内科主任医师。

唐天驷、汪康平（左一）与著名评弹艺术家邢晏芝（右一）合影

天赐庄，还是月沉望星桥，都珍藏着那难忘的回忆。虽然，生活上是"细细风雨淡淡烟"，但在知识的获得上，真有点"那年花开月正圆"的感慨，也许这就叫"痛并快乐着"。

后来，我们同在医院工作，亦师亦友。他经常对我、高敏和吴龙说，做医生是一个艰苦的工作，救死扶伤不是轻而易举的，要有高超的技术、高度的使命感，心中要装着病人的疾苦，要对病人体贴入微，关怀备至，医生苦尽，病人甘来，没有奉献，当不成好医生。医生要能成才，路漫漫其修远兮，"干到老学到老"这句话对医生最贴切。他强调，做医生，一定要深入病房，体察病情，诊断要"如履薄冰"，要慎之又慎，获得第一手资料。除了运用先进的设备外，"望、触、叩、听"仍然很重要，不能摒弃。碰到问题，应该学会思考，思考是头顶上的一扇天窗，会使你豁然开朗。积极思考，有时课题就会应运而生，临床工作中的疑点难点，往往就是科研的源泉，是创新的驱动力。

他虽年逾86，但仍然精神抖擞，神采奕奕，仍然上手术台，而且，眼不花，手不抖，背不驼，不戴眼镜，不需搀扶，无影灯下，既沉稳，又利索。不少病人慕名而来，要求他亲自操刀。他觉得80多岁的老医生，还能获得病人如此信任，心里骤然会有一种欣慰感。他觉得"会开刀，又能开好刀"，是一种心术，是手脑结合的精细动作，手术做好了也是一种艺术享受，因此，他乐此不疲。即使带状疱疹带给他长期难忍的后遗症，但他仍然坚持工作。凡是他答应病人的都会做到，他总是一诺千金，诚信为本，从不轻弃。

就在2017年的8月份，一个年轻患者被诊断为椎间盘突出症，指名要唐天驷主任亲自为他手术，局麻下手术很快就结束了，病人欣喜万分地说，"我已经完全不痛了，姜还是老的辣，您年龄和我奶奶一样大，还肯为我做这种小手术"。86岁的他，还深得病人如此信任，能和他奶奶相比，被视为长辈，得到老百姓的如此尊重，深感此生足矣！唐教授欣慰不已。

除了每天都有医疗工作之外，他每周还习以为常地坚持出两次骨科高级专家门诊。有些病人奔走四方，诊断各异，治疗方案不一，得不到明确的诊断和治疗策略，专程前来看他的门诊。唐主任通过了解病情，针对性检查，仔细阅片，潜心思考，得出结论，给病人一个明确的诊断和治疗决策。该手术的手术，不该手术的决不手术，利害得失，一一言明，病人均满意而归，都会发自内心地一而再再而三地说"谢谢唐主任"，带着忧愁而来，含着微笑而归。

在医疗技术的拓展上，他是造血干细胞，是播种者，是护林人。他对手术适应证掌握得十分严格。有些病人在不同医院就诊后被告知要开刀，要置钢板内固定等。唐主任都会综合各种资料，根据病情实际需要做出判断，真正需要手术者，他也是优选"创伤最小，费用最低，效果最好"的方法。虽然在国内椎弓根技术是他首创，但凡不符适应证者，他决不轻易而为。有的病人在某些医院，根本不需要做的手术也做了，有的病人需要做的，却做多了，做过头了。手术是谁需要的？是病人需要还是医生需要？这是值得深思的问题！经典、传统的手术应该是金标准，但有极少数医生喜欢加内固定，做复杂手术，超乎治疗目标，脱离道德约束。希望这些医生能自我拷问良心，唤醒从医初衷，回归医生本色，找回医生崇高的尊严，重塑医生人格的修养。

对临床工作不重视基本功训练者，他往往会严加训斥。有一位腹痛难忍的患者（系本院老工人家属），请他去会诊。他一看病人脸色苍白，就考虑病人可能存在休克的危险，旋即问床位医生"血压多少"。床位医生木然地说"没有测量"。唐主任声色俱厉地说："一个急腹痛的病人，脸色苍白，首先应测量血压，询问简要病史，为什么这些最基本的竟然被忽略？"经他亲自询问病史，患者在吊井水时被一骑自行者擦身而过，左侧季肋部被自行车龙头把手冲击了一下，结合血压明显下降的情况，很快"脾破裂、失血性休克"的初步诊断跃然于脑海，并由腹腔穿刺见血而证实。整个急诊病区在五雷轰顶中警醒，这个床位医生时刻牢记这一教训，严抓"三基"，后来成了杰出的外科医生，是专科领域的佼佼者。

6年前，唐教授的一位徒孙周军深有体会地说，唐老师一向以治学严谨著称，给人以不怒自威的感觉。有一次晨会交班，他汇报新病人病情时，只介绍影像学表现，对于体检情况，一问三不知。唐主任当时就语重心长地说，骨科医生分三种：第一种，先看病人，问病情，做体检，后看片子，这样对病人有了全面的认识才不容易漏诊；第二种，是先看片子后看人，这样容易先入为主，仅仅在影像学上发现一些问题，一孔之见，以偏概全，疏而易漏，导致误诊；第三种，就是只看片子，不看病人，很遗憾，现在有少数医生，从一两张片子看不出问题，就以为病人真的没有问题，导致没有检查到所有需要检查的部位，诊断的可靠性可想而知。唐主任希望大家都成为第一种医生，尽量不要成为第二种医生，绝不要成为第三种医生。避免管窥之见，挂一漏万，延误病人，自毁前程。周军对号入座，自己属于第三种。当时真是羞愧难当，无地自容。此后，他遵循师祖的真知灼见，在工作中警钟长鸣，引以为训。

博士研究生徐明清楚地记得，2010年12月13日，晨会交班时，一位从高处坠落的伤者，颈椎6-7骨折脱位伴截瘫，由于对受伤机制询问不到位，体格检查不仔细，受到唐主任的严厉批评。徐明说，这对我触动很大，后来每周一大查房之前，大家对自己分管床位的病历看了又看，有的同事唯恐疏漏或不周，星期天晚上还赶回科室，反复了解病情，检查伤痛演变，熟悉各项检查结果，因为唐主任记性极好，下次交班和查房时定会追问上次未解之疑。

2003年5月，博士研究生周云随唐主任出门诊。一个50多岁的男性患者，腿痛2月有余，历经多家医院专家门诊，先后拍了腰部X线片、CT片、核磁共振片，都认为是腰椎间盘突出症。患者在辗转不安中度过两个月，不见好转，苦不堪言，四方打听，要找唐天驷，起早摸黑，总算挂上了号。唐主任一一看过阅片灯上的片子，说不像腰椎间盘突出，觉得另有隐情，要患者在诊室走动以便观察，见跛行呈跟足步态，令患者俯卧，检查右脚跟部，用手挤压小腿肌。然后，老教授泰然自若、信心十足地说"你的病明确了"。周云诧异，病人惊喜！唐老师让周云自己检查、询问，

第四、五届脊柱外科学组委员合影,前排左四为唐天驷

周云由上而下认真检查,突然发现右脚跟腱部明显凹陷,跟腱连续性中断,再追问病史,患者曾不慎弹跳滑倒。患者住院做跟腱修复术,术后出院康复,腿跟不痛,行走如常,来门诊致意,高呼"唐教授是神医!"

严师出高徒。唐教授在医疗实践中高标准严要求,其弟子毕业后在业内多有所建树,在全国三甲医院中担任骨科或脊柱外科主任的就有20多位,其中杨惠林、邱勇还是现任中华医学会骨科学分会常委,这在国内骨科界的确是屈指可数。

他在医疗事业上是如此星光璀璨,在学术领域里也同样光彩照人,全国有不少学术团队和学术承办单位,经常邀请他去讲学,评选优秀论文,为疑难杂症会诊,以及点评影像学读片会等。2016年11月,他参加了中华医学会第十八届骨科学术会议暨第十一届COA国际学术大会大师讲坛"脊椎外科30年",大会给他的命题为"腰椎退行性疾病后路融合术的回顾和展望",这是大手笔啊!他站在学科前沿,高瞻远瞩,放眼未来,极具权威性和影响力。近几年,他还参加了上海长征医院承办的第二届脊柱学术会议、脊柱畸形高峰论坛、江苏长江论坛等,在苏大督学

2007年COA大会上,唐天驷教授(左五)荣获首批骨科学专家会员荣誉证书,中华医学会会长钟南山院士评价说,这实际上是我们骨科界的最高荣誉

讲坛畅谈"如何成为一个好医生的人生追梦",好评如潮。

在科研方面,他更是硕果累累,成绩斐然,发表论文200余篇,获奖数不胜数,特别令人赞叹的有"江苏省医学杰出贡献奖""江苏省医学终生成就奖"等。2004年,他荣获国家科技进步二等奖,首创椎弓根脊柱固定技术,被誉为"我国脊柱外科学的一大里程碑",这是江苏医学届第一个国家级科技进步奖。时隔13年,他当年的博士生杨惠林及其团队,继往开来,传承创新,凭借"骨质疏松性椎体骨折微创治疗体系的建立及应用"又摘获了第二个国家科技进步二等奖,这是医学界的最高奖项。一个科室,连连斩获两个国家级奖,实属罕见,来之不易,这在全国范围内也是数一数二的。清代郑板桥云"新竹高于旧竹枝,全凭老干为扶持,下年再有新生者,十丈龙孙绕凤池",意喻青出于蓝而胜于蓝,成长全凭老干的扶持,后辈不忘前辈教导之恩。这是杨惠林及其团队的谦诚心态,也可以看出唐天驷老骥伏枥、壮心不已,胸中激荡驰骋千里的豪情。

昔日，唐天驷指导博士研究生杨惠林，凭借术中X线片和经验、手感完成椎弓根内固定。今日，杨惠林教授又由博士成为博士生导师，他领导着自己的团队，用人工智能技术，由电脑导航系统建立三维结构，为医生精准定位，突破禁区，避开血管、神经、韧带这些"雷区"，让机器人往骨头里打钉子，进行内固定，其精准度误差小于1 mm。据文献报道，椎弓根固定技术徒手操作的成功率一般在75%~86%，苏大附一院骨科可达90%，而通过人工智能技术，其成功率已高达99%。

春风化雨，润物无声，椎弓根内固定术，从徒手到人工智能，从唐天驷、杨惠林到骨科团队，他们倾注了全部心血和汗水，付出了青春岁月和美好年华，路途艰辛而又漫长，为造福于人民，为一颗小小的螺钉，实现了历史性的大跨越。这正是：

  一树花开满园春，精准医学再创新。
  新人辈出老扶植，刻骨铭心育精英。

刘璠：吾辈恩师，杰出楷模[①]

学生时代梦想有一名恩师。

一个人的成长在家靠父母，在校在职场靠恩师。

作为医学生第一天跨入南通医学院的大门，就梦想能遇到恩师。

漫步校史馆，一批叱咤风云、全国著名大师的名字相继映入眼帘：侍德教授、唐天驷教授、陈荫椿教授、孟宪镛教授……自己毕业留校乃至研究生阶段有幸拜侍德教授为师，而唐天驷教授因长期在苏州工作，对我来说，他一直高不可攀且极具神秘感。

作为年轻医师，可以不追歌星、影星，但一定要追国内外著名"医星"。唐教授越是神秘，我越是要探个究竟。果然，机会来了。在一次全国骨科学术大会上，唐教授做"中国脊柱外科发展50年"的主题演讲，我被震住了：温文尔雅、儒家风范、知识渊博、气宇轩昂。我斗胆提问，唐教授和风细雨，耐心解答。"啊，真正大师是这样的！"我自言自语，瞬间恐惧、神秘感荡然无存。唐教授是如此平易近人，和蔼可亲，发自内心的敬意油然而生。此后，我就以唐教授的编外、"非嫡传"学生自居，凡有不懂的问题就时不时"粘"住他请教。无论是基础还是临床、国内还是国外、传统还是当代，他无一不知、无一不晓，其知识渊博，实在令人钦佩。

有一次，我带着前瞻性随机对照临床科研的标书请唐教授审阅。他提出，为保证科学性，应严格设置实验组、阳性对照组与阴性对照组，并经伦理委员会审查通过。我知道正规前瞻性随机对照研究应该这么做，但真要这样做，意味着工

[①] 刘璠，中华医学会骨科学分会副主委（第十一届），南通市人大常委会原副主任，致公党南通市委主委，南通大学医学院原副院长，南通大学附属医院原院长，现任骨科行政主任。国家二级教授、主任医师、博士研究生导师，享受国务院特殊津贴，第十一、十二、十三届全国人大代表。

刘璠在会议中

作量及难度陡然增加，我皱着眉头，面露难色。此时，唐教授一反常日和蔼的态度，神情严肃、语气坚定地说："这是科学，科学必须保证客观性、真实性，来不得半点随意松散！"我脸上红一阵白一阵了好久，因为唐教授历来给我的都是鼓励，从未批评过我，我内心的触动难以言表，"唐教授的治学是如此严谨，我一定要以他为榜样，好好努力，扎实工作！"我暗下决心。

每位年轻骨科医生都梦想成为一名训练有素、合格规范的名医，而大家又都苦于不知如何让梦想成真，我自己也曾苦苦思索，探寻成功之路。在我任江苏骨科学分会主委期间的一次省年会筹备会上，我提议在"大师讲坛"环节邀请唐教授做专题演讲"如何成为一名好医生"。对于我的提议，大家一拍即合。1 200人的报告厅座无虚席，全场鸦雀无声。唐教授以自己的亲身经历，现身说法，娓娓道来，有板有眼，除了强调知识面、必须打好各种坚实的基础以外，至今仍影响着我的是这句话："要成为一名良医，必须具有良好的人品，人品低劣者，绝对无缘良医！"我在某种程度上理解了为何唐教授在业内具有如此崇高的威望，我坚信广大骨科同道首先是被其高尚的人品所折服。

医德是当今的一个热门话题。在改革开放的社会转型期，骨科界难免有些浮躁。在次年的省年会上，我再邀唐教授就此做专题演讲。其语重心长、富有哲理的教导至今铭记在心："何为德，德包括品德、医德、师德、科研道德等，一个人若品德败坏，一切免谈；不尊敬师长，没有感恩之心，不给学生言传身教，则不可能

唐天驷教授参加社区义诊

成为良师；造假、剽窃、科研道德沦丧将葬送自己；医德重要的是崇高的职业道德，医者仁心，应科学客观、理性地为患者选择和制订最合理的治疗方案，尽自己所能最大限度地解除患者病痛，而不应为利益驱动、昧着良心、违背科学当开刀匠。"多么深刻的教诲！接着，唐教授给大家展示了一位因颈椎疾患在一家大医院行颈、胸、腰椎多节段内固定的病例，他极其愤怒地告诫大家："这是典型的超适应证过度治疗，这才是真正的医德败坏，我们应旗帜鲜明、坚决反对！"这些比一切空洞的说教都有效，演讲厅报以长时间热烈的掌声。

  在我还未出生时，唐教授已开始了医者生涯，现已从医60余载。其思维敏捷、身手矫健，谁都不相信这是一位年近90岁的长者。其医技高超、手术精湛，在国内最早引进后路椎弓根螺钉技术并获得国家科技进步奖，20年前就出任中华医学会骨科学分会副主委、脊柱学组组长的著名专家，获得的荣誉、桂冠无数。按常理，唐教授早可以功成名就，享受天伦之乐，安度晚年的大好时光。但不可思议的是，他比中青年医生更积极地活跃在临床一线：数家医院特需门诊、每周数台手术、国内外学术会议频频亮相……令人震惊的是他决不故步自封，"吃老本""玩古董""倚老卖老"，而是与时俱进，对国内外最新学术进展了如指掌。人们百思

2011年1月，中美合作脊柱骨关节疾病诊疗部揭牌，左起：时任院长助理李惠玲、副院长张建中、钱海鑫、杨建平、院党委书记王顺利、院长葛建一、苏州市卫生局局长张月林、国际脊柱及关节中心（ISOI）Mike Franz总裁、Hansen A. Yuan教授、唐天驷教授、院党委副书记兼纪委书记郁申华、副院长侯建全、骨外科主任杨惠林教授、院长助理陈亮等

不得其解，我曾弱弱地请教唐教授，他的回答是："每个人都有自己的追求，我选择了医生这个职业，就是选择了活到老、学到老，不断学习、与时俱进是我的终生追求。"我想，这就是大师与常人的不同之处吧。

作为从医从教60多年的全国著名教授，他弟子无数，名副其实的桃李满天下。无论是"嫡系"医院、大学或"非嫡系"外院、外校的中青年，只要找他，他有求必应，有问必答，有难必帮。他识才、养才，为了梯队建设、学科发展，培养更多更优秀的人才，他呕心沥血、不辞劳苦，不管白天黑夜还是严寒酷暑，常常看他为此亲自出马，旅途奔波。如今，其科室早已成为国家级重点临床专科，杨惠林教授、邱勇教授、陈亮教授等一大批"嫡系"弟子已成为国内外著名专家，连我这个

"非嫡传"小生也有幸追随唐教授,当选了中华医学会骨科学分会副主委。

夜深人静,回眸往夕,唐天驷教授不就是我所渴盼的恩师、杰出楷模吗?是啊,唐教授高尚的人品,渊博的学识,治学的严谨,宽广的胸怀,永不停息的追求一直在激励着我,请接受学生发自内心的祝福:衷心祝愿您健康长寿!

杨惠林：一日为师，终身为父[1]

我清晰地记得，20世纪80年代初，我到苏州医学院附属第一医院（现苏州大学附属第一医院）骨科工作的第一天，我们骨科两位全国著名专家董天华老师和唐天驷老师就在办公室与我进行了一次谈话，勉励我要多读书，多学知识。我与唐老师的师生之缘就此开始。

在骨科工作期间，唐老师手把手地教我，从解剖、止血、打结、缝合等外科基本功开始，到手术技巧，再到系统的诊断思维和科研思路。工作第三年，在唐老师的建议下，我专门学习了显微外科。通过对显微外科的系统学习和实践，我养成了耐心细致的习惯，我后来的学习和工作均受益于此。随后，我先后考取了唐老师的硕士和博士研究生，成为老师的入室弟子，也得以更近距离地聆听老师的教诲。后来，我又在老师的指导下和老师一起完成了很多高难度手术和高级别科研项目。他精湛的医术，高尚的医德，严谨的治学，谦和的为人，宽广的胸怀，无一不值得同道和我们后辈学习。

唐老师医术精湛，妙手仁心，解除了无数患者的病痛，在临床工作中，始终把病人的利益放在第一位。他常对我们说："医生不但要有事业心、责任心，更要有爱心和良心。"作为全国著名专家，从全国各地慕名而来求医的病人络绎不绝，唐老师始终坚持先对病人询问病史、进行体格检查之后再看影像学检查资料，从不忽略病人的每一个细节。诊断明确后，也严格把握手术指征，他常常说："外科医生对手术所做的决定比手术本身更重要。"

---

[1] 杨惠林，苏州大学附属第一医院骨科主任，教授、博士生导师。1988—1991年师从唐天驷教授攻读硕士学位，1991—1994年师从唐天驷教授攻读博士学位。

将近30年前，曾有一位颈椎病患者，从开始的手足麻木恶化至双下肢无力，需两人搀扶才能勉强行走，发展到四肢瘫痪，脊髓压迫范围广，椎管狭窄程度严重。当时患此类疾病的病人往往对手术顾虑重重，到愿意接受手术治疗时，常常病情相当严重，甚至出现不同程度的四肢瘫痪。而彼时医生普遍的观点是：手术解除脊髓压迫的主要目的是阻止脊髓损害的进展和恶化，已经损伤的脊髓其自身得到修复的可能性很小。瘫痪程度越严重，恢复的希望越渺茫，放弃手术治疗的可能性越大。事实上该患者也是顾虑重重，在病情恶化直至四肢瘫痪的过程中，也曾在全国多家知名医院就诊，均被告知无能为力。最后，在其老校友，我国骨科奠基人之一过邦辅教授的推荐下求诊于唐天驷教授。当时，我正就读唐老师的研究生。唐老师带领我们反复分析患者病情，仔细研判，最终确定了手术方案：颈椎后路单开门椎管扩大成形术。在当时来说，这一手术方案对手术医生技术水平的要求则异常严苛，稍有不慎，就可能导致患者四肢永久瘫痪甚至死亡。唐老师亲自手术，成功解除了患者的颈脊髓压迫。术后3个月，四肢瘫痪没有明显的恢复迹象，再经过一年多的康复，奇迹终于出现了，患者足趾逐渐出现自主伸屈活动，进而下肢可以自主伸屈，恢复自行行走能力，最终日常生活完全自理。由于术后恢复得很好，患者甚至在87岁高龄的时候还参加旅游团，赴中缅边境等地连续旅游了两周。

另有一位女患者，患骶骨骨巨细胞瘤，肿瘤巨大，压迫膀胱和直肠，排尿困难，已无法排便，异常痛苦。当时骶骨肿瘤病例的特点是：（1）病人就诊时往往肿瘤已经很大；（2）手术切除巨大骶骨肿瘤的难点就是出血多，术中输血超过10 000毫升很常见，按平均每人血量5 000毫升计算，相当于换了两次血，仅输血一项就有生命危险（所以常规要求备血充足，在手术开始之前开通二路以上的上肢输血通道，术中快速输血）。这是公认的难度大、风险高的手术，很多医生甚至望而却步。该患者在当地某医院初诊时，由两位全国某知名医院的教授手术，可刚刚切到肿瘤，就因为出血不止，不得不停止手术，经过整整半天的压迫止血和输血5 000毫升，病人情况才得以稳定。后来又到十多家全国知名医院求医，均被告知无法再次手术。患者最终慕名找到了唐教授。唐老师带领我们和相关学科的专家一起讨论后，制订了周密的手术计划：先行两侧髂内动脉和肿瘤靶血管栓塞，再行手术完整切除。由唐老师主刀，我们经过近4小时手术，成功为患者切除了这一巨大骶骨肿瘤，术中输血仅2 500毫升。术后恢复也很顺利，恢复了排尿和排便功能,恢复了日常生活。术后10年复查未见肿瘤复发。

虽然唐老师现在因年龄原因减少了手术量,但对于求诊于他的每一个病人,他仍然耐心细致地制订治疗计划,确定详细的手术方案,用自己的实际行动为我们后辈树立了榜样。

唐老师治学严谨,在学术上硕果累累,为我国骨科尤其是脊柱外科的发展做出了重要贡献。20世纪80年代,国内外脊柱外科仍普遍采用经棘突钢板内固定技术,但固定效果欠佳。当时,德文报道了一种新的脊柱内固定技术——经椎弓根内固定技术,但该技术尚处于起步阶段,仍存在很多技术难题尚未解决。唐老师敏锐地注意到这一新技术,带领着我们这些学生从无到有,从胸腰椎扩展到颈椎,探索前进。历经10余年,建立了适合中国人解剖学特点的经椎弓根内固定技术,得到了同行的广泛认同。他领导的课题"脊柱后路经椎弓根内固定的基础和临床研究"于2004年荣获国家科技进步二等奖,这是我省医学界首次获此殊荣。此项技术被国内同行誉为"我国脊柱外科的一大里程碑",目前已成为国内脊柱创伤、畸形、退变、肿瘤等疾病手术内固定治疗的常规技术。

唐老师培养学生注重因材施教,他率先垂范,甘为人梯,把机会和荣誉留给年轻人。作为学科带头人,他培养了一批又一批年轻医生,以身作则教他们如何做一个品格高尚、谦虚谨慎、精益求精的医生,在学术上细心指导,鼓励他们勤奋踏实,勇于创新,不断进取。时任中华骨科学会副主任委员、全国脊柱外科学组组长的唐老师力促我赴美国留学,并将我推荐给他的好朋友——时任北美脊柱外科学会主席的Hansen Yuan教授。在美国纽约州立大学为期两年的学习和工作,使我开阔了眼界,拓宽了思路,收获良多。回国后,在唐老师的关心、支持和帮助下,与国际同步,率先开展了治疗骨质疏松性椎体骨折的椎体后凸成形术(Kyphoplasty, KP),同时开始"骨质疏松性椎体骨折微创治疗体系的建立及应用"这一课题的研究。历经10余年,这一课题最终有幸获2017年度国家科技进步二等奖,成为苏大附一院骨科历史上的第二项国家奖(均为第一完成单位)。KP技术目前已被推广到全国数以百计的各级医院,使无数罹患骨质疏松性椎体骨折的病患受益,社会效益显著。

唐老师为人谦和,心胸宽广,从不计较个人得失,为科室的发展倾注了无数心血。无论是在2007年骨科申报国家重点学科,还是在2010年申报国家临床重点专科期间,年逾古稀的唐老师都放弃了休息日,带领骨科全体医务人员完善申报

2018年1月,杨惠林(右)出席国家科技进步奖颁奖大会后回到苏州,和侯建全院长(左)、唐天驷老师合影

材料,明确申报思路,磨炼答辩技巧,并亲临答辩现场坐镇,起到了定海神针的作用。在他的带领下,骨科成功申报了国家重点学科,并成为全国骨科首批10家国家临床重点专科之一,附一院骨科由此也成为江苏省骨科唯一的全国"双重点"科室。能取得这样的成绩,唐老师实在是功不可没。

　　一位好的老师,可以影响人的一生。我很幸运,在我的人生中遇到唐老师。在我成长的道路上,他传授给我知识,教我做人的道理,给我指明前进的方向。岁月如梭,转眼老师已是耄耋之年,我这个当年的年轻骨科医生,在唐老师的培养下,如今在学术上已小有所成,也成了别人的老师。

　　"一日为师,终身为父。"唐老师的恩情,作为学生的我将终生难忘。

　　"滴水之恩,涌泉相报。"身为现任骨外科主任,我只有以唐老师为楷模,带领骨外科团队,同心协力把骨外科发展好、建设好,才能报答唐老师的培育之恩。

　　唐老师今已八十有六,身体依然健康,心态愈加年轻。老师在八十大寿之后,喜自称"八〇后"。老师对此的解释有二:一为年龄已经过了八十岁;二则自身属猴,取"八〇猴"之谐音。如此恬然心性,可喜可贺!

邱勇[1]、钱邦平[2]：高山仰止，景行行止

邱勇：一次"追踪患者"让我受益终生

大学毕业后，我到南京一家三级甲等综合医院做普外科医生，生活似乎已经步入正轨，但我注定不是个安于现状的人，经过一年按部就班的工作后，我决定辞职考研究生。这是个大胆且充满风险的决定，因为当时我已经获得了一个很好的职位，我不知道读完研究生后是否还能获得与此相当的职位。但是我的性格决定了，只要我认定的事一定会坚定不移地做下去。最终，我又回到了苏州医学院攻读硕士学位，师从著名的脊柱外科专家唐天驷教授。研究生学习大部分是在附属医院完成的，与本科期间相比，研究生学习更加专业化，与患者的接触更多。

苏医附院有个工作常规，对于前一天的急诊病例，第二天早晨的科室大交班时必须将每个患者的病情及处理结果进行汇报。记得那是一个周四晚上，我在骨科急诊值班，来了一个手外伤的女患者，她自诉上班时被工作台砸伤，右食指、中指活动受限，我迅速检查患者的伤口，在做了止血、包扎处理后，让患者进行X线摄片检查，X线片提示：右食指、中指末节指骨骨折。在急诊室护士的协助下，我对患者施行了急诊手术，术中发现：右食指、中指伸屈指肌腱断裂，右食指、中指末节指骨骨折，无须行内固定。我施行了清创缝合、石膏固定，并再次摄片后，让患者

---

[1] 邱勇，南京大学医学院附属鼓楼医院骨科主任，主任医师，南京大学医学院教授，博士生导师。1985—1988年在苏州医学院硕士研究生学习期间师从唐天驷教授。

[2] 钱邦平，南京大学医学院附属鼓楼医院脊柱外科主任医师，教授，博士生导师。2000—2003年在苏州大学医学院博士研究生学习期间师从唐天驷教授。

2008年,唐天驷教授担任四川地震伤员救治江苏省医疗专家组组长,在南京鼓楼医院与弟子邱勇教授(左)商讨抢救伤员工作

回家了。周五早晨交班时,唐老师从X线片判断,石膏固定的位置为功能位而非过伸纽扣位,马上让我将病人追回来,必须重新进行石膏固定。

80年代的苏州,虽然城市规模与今天无法相比,但也是一个中等规模的城市,如何从茫茫人海中找到这位女患者?那时患者的信息查询不像现在这样方便快捷,利用电脑就能搜索出患者的所有就诊信息。唯一可以提供线索的是急诊登记本,仔细排查后,终于发现了该患者留了一条非常有价值的信息,她的工作单位是南园宾馆。我便骑车到南园宾馆,并从宾馆的门卫那里了解到该患者的家庭住址,然后再骑车40分钟将患者从家中接到医院,并按照唐老师的要求重新进行了纽扣位石膏外固定。本来下夜班应该补觉的我,经过这样半天的"折腾",睡意全无;虽然费了点周折,但最终的结果是对患者有益,我也有一丝宽慰;但更多的是反思,如何处理好每一个病人,如何用这种"锱铢必较"的态度来提高自己的专业素养?

在三年的学习生活中,唐教授不仅帮助我在专业上不断精进,而且也影响着我做事的方式和对待这份职业的态度,在以后的岁月中,这些教导使我受益匪浅。因此,在我自己带研究生后,除了关注学生们的专业学习外,我更重视学生做事的态度。我希望通过我的教导,能够让他们正确认识到自己的优点和缺点,使他们能够更好地规划自己的职业生涯,少走弯路。我常常忠告年轻的医生,应该永远清醒地认识到自己在各个阶段的角色,该干什么,不该干什么。当你年轻的时候,是一个求索的过程,不要过分计较个人得失,掌握本领是你最大的任务,也是你日后成功的资本。对于自身所处的外部环境,或许你有几多抱怨,但是请记住,存在即是合理,请你通过自身努力适应这个外部环境,在此基础上再试图一步步提高自身内在素质。当你取得一定成绩的时候请保持清醒的头脑,完善自身的过程是永无止境的,有的时候不是和别人比,而是需要和自己比,不断战胜昨天的自己。正如史蒂夫·乔布斯在斯坦福大学上的讲话所言"Stay hungry! Stay foolish!"

唐天驷1996年去巴黎参加学术会议时,特意去看望了在法国留学的邱勇

钱邦平:"细节"与"规矩"

"一个优秀的外科医生,不但要有品位、良好的医德、过硬的真本领,最重要的一条是,要注重临床工作中的点滴细节,才能处理好每一个病人。"唐老师经常用类似的话语教育研究生们。我从他的一些工作细节中,也感悟到了"细节决定成败"的箴言中所蕴含的哲理。

骨牵引是骨折病人最常用的治疗方法之一,牵引绳的末端要打一个活结,便于安放牵引的"秤砣",活结的尾端可以"耷拉",对牵引效果基本无影响。但唐老师的要求是,牵引绳的尾端必须用胶布固定,因为这样不但可以防止所打的结意外滑落,而且从外观上看非常整洁,不给人"拖泥带水"的感觉,并可以使得家属急躁及不安的情绪获得一点点"安静"。

"细节"与"规矩"是钱邦平的领悟

唐老师对手术病人伤口敷料的要求，更是体现了一代名医对细节的"苛求"。当病人的手术切口缝合完，切口周围的点滴血迹都不允许残留，必须用生理盐水纱布全部擦干净，才能盖上无菌敷料。术后第二天唐老师检查病人的切口，如发现切口周围或其他与手术相关的部位有未清除干净的血迹，必然会批评管床医生。因为血液对外科医师是"司空见惯"的，而患者及家属是非专业人士，切口周围的血液对他们来说是个"恶性刺激"，一个清洁的伤口可以避免家属们产生各种不必要的担心和顾虑：因为如果切口周围有血迹，家属可能会误认为是切口中流出来的，是否医生未将伤口缝合好？伤口这样的"表面文章"都未做好，里面的手术做得是否更"马虎"？将来手术效果会怎么样？这些顾虑会在患者家属的心里"油然而生"。因此，唐老师对切口周围的血迹这样一个易被忽略的细节都"锱铢必较"，既反映了一位上级医生对下级医生的谆谆教诲，也反映出一个医生对患者及家属心理状态的洞悉，可谓用心良苦。

90年代末的医患关系，相对比较和谐，当时无论是医生还是患者对病历还未用"法律文书"的标准来衡量，但唐老师对病历的书写要求相当严谨，每位门诊患者的病历他都亲自书写。他要求门诊病历的记录必须包括7项内容（就诊时间、病人的主诉、病史、体格检查、化验和影像学的诊断、处理意见、医师签名等），缺一不可。有一次，一位术后三个月切口仍未愈合的患者，在骨科门诊反复换药，依然未见愈合的迹象。患者慕名来到唐老师的门诊，唐老师在仔细询问了病史、检查了伤口后，翻阅了门诊病历，看到3~10页的病历时，突然"怒不可遏"，并让我马上通知书写病历的医生到他的诊室来。我一开始很纳闷，为什么他"风云突变"？在仔细看了3~10页的病历后，我才恍然大悟，原来前面的经治医师在病历上只简单地写了"病史同前、换药"，既无伤口的描述，又无伤口处理过程的记录。唐老师亲自处理患者的伤口、分析病情并给出下一步的处理意见后，患者非常感激地离开诊室。但迎接前面这位经治医师的是一阵暴风骤雨般的教育与批评：患者的病情在变化，还是"病史同前"？医学是一门临床实践科学，必须严谨！严谨的作风就体现在工作中的点点滴滴，否则是做不好外科医生的。虽然现场的气氛和唐老师"教育"下级医生的语气要比我的描述更为紧张和严肃，但我于"惊恐"之中收获了很多。

"不积跬步，无以至千里；不积小流，无以成江海。"唐老师对临床理论及操作技能的点滴积累尤为注重。上级医生指导下级医生手术，他要求下级

《中国脊柱脊髓杂志》第六届常务编委合影，前排左二为唐天驷教授

医生必须养成记笔记的习惯，这样可以总结上级医生的手术技巧，下次上级医生再次指导同样的手术时，下级医生可以对前面的笔记进行补充和修正，就会发现哪些步骤自己已经了如指掌了，对哪些步骤的理解还比较肤浅，需深化，日积月累，等到自己有机会单独主刀同样的手术就胸有成竹了，再次翻阅以前的笔记，就可以模仿上级医生的操作，这样他山之石自然可以攻玉了。我的书橱中至今还保留着唐老师指导我手术及门诊时，他对病情分析的笔记本，虽然脊柱外科的技术日新月异，但基础理论及基本原则的培训，对我的职业生涯大有裨益。

唐老师不仅在工作中注重细节，而且在生活中也是如此，从餐桌的"行为艺术"可窥见一斑。盐水河虾是唐老师爱吃的一道菜，每次我们吃这道菜，在品尝美味的同时更是"膜拜"了唐老师的吃虾"技巧"。他吃的虾不仅虾肉与虾壳完整剥离，而且虾壳整齐、自然地排列在盘中，无须要用心去数，他吃了多少只虾便一目了然。外科医生精湛的手术技巧不仅体现在一双灵活的手上，也体现在舌尖上。

作为一个刚"起步"的外科医生,总是有一种早日成才的欲望,总是想在上级医生上手术台之前能多做一些实际操作,以验证自己对所学到的临床及理论知识的掌握程度,实事求是地说,每个外科医生的成长都经历了这一步。唐老师做侧卧位、局麻下小切口椎板开窗、髓核摘除术的习惯是自己摆体位、画线,这样容易判断病变间隙的定位是否正确。记得当时有一位年轻医生在手术开始前做准备工作时非常积极,在唐老师没有来到之前,将体位放好,模仿唐老师的定位方法,将手术切口标记线也预先画好了。这位年轻医生的勤奋、好学、要求上进的精神值得欣赏,但唐老师还是严肃地批评了他一顿,"手术切口标记线一定要由术者亲自画,你定位错了,我也跟着你错啊!"其实并不是唐老师不放手,每次他画好切口标记线后,都会向我们解释他是如何实现用体表标志进行准确定位的。唐老师年轻的时候做过麻醉,所以他将做腰麻穿刺定位的经验应用到椎间盘手术间隙定位中,首先用右手的大拇指找到髂后上棘,大拇指感觉到皮下最薄的地方就是髂后上棘,两侧髂后上棘的连线就是L5-S1间隙,然后继续向上摸就能确定L4-5间隙。从他的言传身教中学到的定位方法,我在临床实践中一直都在采用,再辅助C臂机定位,间隙定位的准确率非常高。

年轻外科医生的另一个"缺点"就是术中操作时,喜欢"抢"上级医生的操作步骤。每当遇到这种情况,唐老师都会对这样的助手进行严厉的批评:"在其位,谋其政""助手的任务就是配合主刀完成手术,只有将助手该做的工作做好了,并跟上主刀的节奏,将来你自己做主刀时才能得心应手,外科手术是没有速成班的,只有将每一个基本操作、步骤都掌握了,所有的操作排列组合起来,并加以灵活运用,才能完成一台复杂的手术"。换句话说,复杂手术就是简单手术的排列组合。深得"不及跬步,无以至千里"的教诲后,我每次做复杂手术时,都尽量做完"力所能及"的步骤,遇到困难时,立即请上级医生帮忙,一方面可以避免潜在并发症的发生,另一方面,上级医生来帮你解决问题的时候,就是你进步的机会,因为这时你必须留心观察上级医生是如何解决难题的,下次遇到同样的问题,就可以"如法炮制"了,这是每个外科医生成长的必经之路。

"高山仰止,景行行止。虽不能至,然心向往之。"唐老师是我终生学习的榜样,他对工作细节的要求、对学生"细枝末节"的教育,让我终生受益。榜样的力量是无穷的,今后在自己的工作中,对细节的要求、对"规矩"的遵守,我仍将"吾日三省吾身"。

唐迪、唐维维[①]：我们的爸爸

我们的爸爸出生于上海，他的幼年是不幸的，刚一岁时，祖父去世，他由我们的祖母含辛茹苦一手带大。爸爸有两个姐姐和一个哥哥，他最小，最受祖母宠爱。祖父过世早，祖母守寡不再嫁，她是一位和蔼慈祥的老人，我们从小和祖母一起生活。她虽不识字，但情商很高，动手能力很强，不但让我们吃好、穿暖，还时常关心我们的学习。爸爸非常孝顺祖母，常对祖母嘘寒问暖，我们都看在眼里，记在心中，心中对祖母充满了尊敬、感激和崇拜。

讲到我们的爸爸，必须要提到我们的妈妈唐莹，她和父亲是同姓、同龄、同乡、同学、同行，在同一医院工作，因共同的理想和追求走到一起。我们的妈妈是家中的长女，出生于富裕家庭，而爸爸家境贫寒，担心不能给妈妈幸福，但妈妈看上的是他的人品，事实也证明了妈妈的选择是对的。我们的外公、外婆也十分开明，支持他俩自由恋爱。外婆徐淑宜是宜兴人，明朝嘉靖年间首辅大臣徐阁老（徐溥）的后人。外公唐振千是毗陵唐氏第二十一世孙。唐氏家族，在迁到无锡以前，居住在常州这座江南古城的青果巷，故称毗陵唐氏，人才辈出、长盛不衰。

我们的母亲年轻时亭亭玉立，身材高挑，端庄秀丽，恬静稳重，气质不凡。学生们回忆当年她在三尺讲台上的风采，至今记忆犹新，赞叹不已。当时的医生很纯粹，父母俩为患者尽心尽力，尽职尽责。母亲在妇产科，爸爸在骨外科，都是急诊最多、工作量最大的科室。他们上班回来后都筋疲力尽，好比倦鸟还巢的样子。但

[①] 唐迪，唐天驷教授的儿子，现任美国新泽西州哈肯塞克大学医学中心（Hackensack University Medical Center）临床病理科医生。唐维维，唐天驷教授的女儿，苏州市美术家协会会员。

唐天驷与唐莹伉俪情深

是回到家看到了我俩顽皮又可爱的模样,一天的疲惫随之而去,感受到的是温馨和快乐。尤其是祖母,为我们做好了丰富的热饭热菜,更让父母感到幸福和温暖。母亲工作忙、压力大,有时会失眠,常靠安眠药入睡。她对我们管教得比较严,表面上很严肃,其实心地善良,知书达理,很有风度。父亲幽默风趣,性格开朗,平易近人,常会和我俩一起玩,给家里带来了欢声笑语。

　　医生的职业精神就是奉献,上班累死,下班急诊,半夜出门,彻夜不归是常事。20世纪七八十年代,通信不发达。那时我们家就住在医院后门口的张家弄1-1号(向房管局租赁的公房,现已拆迁改造),大院里住着五六户人家,我们相处得很和睦。由于职业的特殊性,常常在我们全家和邻居们都已进入梦乡时,弄堂口有人高声呼叫,"妇产科唐医生,病房有急诊!"母亲时常刚刚吃下安眠药,就立马起床去医院。妇产科半夜急诊多,三天两头来个半夜呼叫,把周围邻居们都闹醒了,但是邻居们也理解,这是医生的职业使然。事后,母亲都会对邻居们打个招呼,"对不起,晚上把大家吵醒了"。久而久之,邻居们也都习以为常。有时邻居们闲

在唐天驷教授医学生涯六十载暨八十华诞庆典上，与时任苏州市副市长陈浩夫妇（左二、左一）、著名画家杭鸣时、丁薇夫妇（右二、右一）合影

时任苏州市副市长陈浩为唐天驷教授八十华诞撰写的贺词

谈时会说，和医生住在一起，有利有弊，有病要看时确实方便，"半夜鸡叫"也都能理解，将心比心。

我们读小学后，妈妈工作再忙，也不会忘记抽出时间教我俩英语。她的英语口语和阅读水平都很高，发音比爸爸准确，教给我们的方法很有效。爸爸教我俩中文。记得刚认字时，挂在墙上的"毛主席万岁"，我们一口气连着读还行，若抽其中一个字读就难了。我（唐迪）当时还没有开窍，事实证明我读书并不差。高中毕业，正好是恢复高考的第二年，我以优异的成绩被上海医科大学医学系录取，这是爸爸的梦想，要让我家成为"医学之家"，后继有人。我俩从小学到高中，从来不额外补课，在爸妈的教诲之下，学习多靠自觉。

我俩都热爱运动。爸爸常常会把凳子、洗衣板拼搭成一张乒乓球台，我们就玩起乒乓球了。小学时我（唐迪）的乒乓球在全校稍有点名气，体育老师还重点给我培训。我俩学骑自行车时，爸爸跟在车后面跑。当时各种运动条件都有限，相门运河旁有个土制"游泳池"是免费的，我在那里学会了游泳。姐姐游得更好，还参加了苏州市学生游泳比赛，蛙泳进入了决赛。爸爸的观点是，孩子的发展和兴趣、爱好应该由他们自己选择，不可以苛求，小时候主要培养孩子的心智。唐维维从小就喜欢绘画，但是学习条件有限，没有能够深造，直到最近五六年才师从杭鸣时、丁薇老师学习粉画。如今唐维维的作品已入选苏州首届粉画展，2018年《无声》粉画入选上海粉画展，之后又多次入选其他画展。靠自己的勤奋，她现已成为苏州市美术家协会会员。

爸爸是一名骨科医生，他钻研医术，爱岗敬业，发表了多篇有价值的论著。无论就诊者是贫穷还是富裕，他都一视同仁。经过他手术治疗的病人无数，有的距今已几十年，还会来电问候、互相走动。他平易近人，乐于助人，为患者提供热情的帮助，经常会换位思考，用最简单有效的治疗方案为患者解除病痛，为我们晚辈树立了榜样。

爸爸讲过一个"文革"时期救人的故事，我至今记忆犹新。当时，官渎里有一位农民在"武斗"中，被对方用小口径步枪击中臀部，只有进口未见出口，被抬到娄葑我爸的抢救医疗队。病人病情危急，频繁呕吐，脸色苍白，血压低下，腹部剧痛，只有呻吟，腹壁呈板样硬，提示"急性弥漫性腹膜炎"，伤员必须急诊手术。当时有传言说另一派马上要进攻娄葑，大多数人为了个人安全，提出赶快撤退，爸爸坚持他个人意见，决不能撤退，对摆在面前的伤员而言，时间就是生命，不能见死

全家在国外旅游时的合影，左起女儿唐维维、大孙女唐艾艾、唐天驷、外孙女谢奕希、小孙女唐恬恬、儿媳李兰迪、儿子唐迪、女婿谢持平

不救。当即决定由我爸主刀，张立中、高敏医师做助手，给病人行剖腹探查手术。当时天气非常炎热，还要穿上很厚的手术服，护士们手中拿着大蒲扇，在爸爸背后不断扇风降温。术中发现病人一肚子的血性渗液及肠内容物，小肠被子弹打出8个孔。爸爸他们迅速把8个孔一一修补好，腹腔内也未见有子弹残留，最后关闭腹腔。手术完成后大家不敢停留，病人和留守在抢救队的人员全部乘着一艘农民运砻糠的船离开，天热出汗，大家全身都沾满了砻糠，又痒又热。船摇到昆山，休息

片刻后,又赶到上海外白渡桥的扬子木材厂席地休息。当时没有条件挂盐水,也未用常规的胃肠减压和抗生素,但是病人恢复得很好,三天后自行乘火车返回官渎里车站。他恢复后曾来医院检查,腹部X光透视,未见有子弹残存,估计子弹最后一次击穿肠壁时,已无力穿透而留在肠管内,后来排便自动排出体外。这是父亲救的一条人命,人命关天,当时如果放弃手术抢救,病人的性命肯定保不住。医者仁心。

爸爸工作很忙,回到家里他总是要挤出些时间与我们交流。他爱我们,但不溺爱。我们从小就感受到被爱,被关心,被重视,这也培养了我们的自尊心。爸爸对我们的教育就是一种充满爱的教育,我们一直生活得很开心。

我(唐迪)大学医科毕业后,进入苏大附一院工作应该不难,但爸爸不愿这么做。他说自己学医并没有父母的支撑,只要工作认真努力,一个普普通通毫无背景的人也可以脱颖而出。人要成才靠的是自己,要自强不息才能创造出不凡的业绩。毕业是做医生的开始,年轻人要走出去闯,自己应该有一个奋斗的目标。他推荐我到南京鼓楼医院骨科。从1983年至1987年我在鼓医任职四年,1987年有幸到美国纽约州立大学医学中心从事显微外科和神经生化方面的研究,边工作边学习。1993年我考取了美国医师执照,1998年在纽约斯德顿岛大学医院(Staten Island University Hospital)病理科任主治医师,现在新泽西州哈肯塞克大学医学中心(Hackensack University Medical Center)病理科工作。在美国行医至今,我没有辜负父母亲的期望。

2005年母亲因为血吸虫病导致肝硬化,74岁时离开了人世,至今已有13年。她走得太早了,我们还没有来得及孝敬她。母亲对生活充满了美好的向往,又那么有活力,我们对她有太多的不舍。每年清明祭奠母亲,我们都供上一束鲜花,一杯母亲生前最喜欢的碧螺春新茶,点上香烛,表达对母亲的思念。

2013年爸爸由于工作太忙,天天奔波在外,在一次感冒后,患上了胸4肋间神经带状疱疹。他的学生、同事都对他关爱有加,采用了多种先进治疗手段。至今已五年,但疼痛还在折磨他。爸爸很坚强,忍着病痛替病人看病、手术,他说这样可分散他的注意力,忘记了痛。

爸爸乘地铁回家时总要说起路上的感受,车厢座位上明明写着"老弱病残爱心专座",占座的年轻人看到他就是不让座,不是看手机就是假装没看见。我们就安慰他让他高兴,"说明你看上去不显老",人称"春不老"。一直在工作,没时间去变老，这也是爸爸不显得老的原因之一。

在我们眼里，爸爸确实不老，他思维敏捷，胸襟豁达，心态好，是个老顽童，不断接受新事物。80多岁的老人，每周工作、活动排得满满当当，他忙得最多的还是病人。他对晚辈关怀备至，鼓励鞭策，是我们大家最亲近、最尊敬的人。

附录

唐天驷：守护脊梁
（纪录片脚本）

【解说】

这位正在给病人做手术的医生，是苏州大学附属第一医院骨科教授、博士生导师、我国著名脊柱外科专家、两次获得国家科技进步二等奖的唐天驷教授。尽管已经86岁高龄，但他依然奋战在临床诊断治疗和医学研究的第一线，坚持每周出诊，还不时走上手术台，担任主刀医生。

【同期声】

我眼睛不老花，手也不抖，虽已到了望九之年，但还未老态龙钟，所以我还可以上手术台做手术。做手术也不比年轻人慢，有些病人还点名要我为他手术。有一次我碰到一位病人，椎间盘手术后的病人。手术后他对我讲，唐主任，你和我奶奶年龄差不多，属猴的吧。病人要我为他做手术，说明病人对我还是很信任的。手术后假如能看到病人的笑容，这是作为一个医生最大的幸福！

【解说】

唐天驷祖籍江苏无锡，1932年9月在上海出生。在唐天驷一周岁时，父亲唐琴逸因病去世，母亲一人挑起了养育全家的重担。这段经历对后来唐天驷走上从医之路影响很大。

【同期声】

我父亲当时背上长了一个"痈"。所谓"痈"，就是人比较胖，毛囊感染了。一个不成熟的"痈"你就把它切开，一切开，"痈"里细菌跑到血液里面去，引起败血症。这个病在现在来看不是什么大问题，而父亲当时却这样过世了。

【解说】

1950年唐天驷中学毕业，报考上海大同大学化学系和南通学院医科，都被录取,他最终选择了医学专业。

【同期声】

上海读书费用比较大,而南通学院费用全免,当地社会环境对读书更有利。我父亲因病没能得到及时的治疗而英年早逝,这对我心理上的创伤是很大的,所以我立志学医。医生是健康的保护者,我要立志做一个医生,治病救人,将这个事业作为我人生的使命,为人民的健康做贡献。

【解说】

这段求学之路既辛苦也充实。当年唐天驷从上海十六铺码头出发,乘坐长江轮船,从上海去往南通需走一夜的水路。唐天驷每次都买五等舱的船票,夏天可以在甲板上过夜,冬天就只能在船舱的走廊里凑合。

1952年全国高等院校院系调整之后,南通学院医科改名为南通医学院。20世纪50年代的南通医学院医学系本科分内科系和外科系两个班,唐天驷选择了外科系。手术是外科医生为病人服务的基本手段。英国谚语说,外科医生是"鹰的眼睛、狮子的心、妇人的手",也就是要"眼尖、心狠、手巧"。唐天驷在校学习时非常钦佩童尔昌教授的手术技术,他自己也不断学习、探索,练就了出众的手术技术,还自创了一种打结的方法。

【同期声】

一定要在这个指头上穿线才快,放在指头上转过来也非常快,压在这个地方打结是打不快的。一定要压在这里,左右都可以一起打结。

【解说】

唐天驷优异的学习成绩和娴熟的外科技能,受到了学院领导和老师的交口称赞。1955年9月唐天驷服从组织分配,来到了哈尔滨医科大学附属第一医院工作,开始了直面民生病痛的行医之路。

解放初期的哈尔滨医科大学附属第一医院,知名专家教授云集,学术氛围浓厚,是我国北方医学重镇,这为唐天驷提供了良好的平台。工作第二年,在轮转到小儿外科工作后,他发表题为《新生儿胎粪性肠梗阻(文献综述及2例报告)》的学术论文,引起小儿外科专家的关注。

【解说】

在小儿外科工作的经历让唐天驷对孩子的感情很深,后来他也参与了苏州儿童医院小儿骨科的创建工作,培养了一批高水平的小儿骨科医生。

【解说】

1957年6月，唐天驷调回母校南通医学院附属医院工作。同年9月，南通医学院迁址苏州，更名为苏州医学院。也是在这一年，唐天驷的同班同学唐莹也由齐齐哈尔铁路中心医院调到苏州医学院附属医院，两人喜结良缘。唐莹后来成为苏州医学院附属第一医院妇产科实验室的奠基人之一。

【解说】

1958—1959年，唐天驷被推荐到上海胸科医院肺功能实验室进修，同时参观学习人工心肺机的动物实验，国内胸外科知名专家顾恺时、石美鑫、王一山等人的精湛手术，使他开阔了眼界。回苏之后他与同事创建了肺功能实验室，开展了肺功能测定，为医院填补了空白。1960年，唐天驷轮转到骨外科工作时，得到医院骨外科奠基人董天华主任的认可，同年4月被推荐到当时誉为"骨科黄埔"的天津医科大学骨科进修班学习。

【解说】

在进修期间，唐天驷得到了一代骨科宗师方先之教授的认可，很多手术方先之都是点名由唐天驷负责打麻醉的。

【同期声】

方老是我们骨科的鼻祖、国内资深的权威。他亲自给我们上课，带我们查房，在上课时间让住院医师来替代我们，比如下午四点，门诊还没结束，他就叫本院的住院医生去替代，我们就去上课。上课的内容很丰富，包括X线片读片、肿瘤、感染、结核以及骨科的罕见病例，还有临床上最讨厌的恶性肿瘤方面，这个是他的专长。一年当中我们的收获是很大的。

【解说】

20世纪60到70年代，唐天驷先后参与了农村除害灭病、"开门办学"等医疗教学活动。当时农村缺医少药，但针灸必备，应用最广，作用最神奇。外科医生的一把刀，再加上一根针，在农村的天地非常广阔。

【同期声】

当时有一个患巨脾症的病人叫阿金宝，名字我还记得，住在昆山千灯。他曾经到原来的第四人民医院，想在硬膜外麻醉下把这个脾脏切除，但是医生说没有可以切除的可能性。我们当时正好下乡到千灯。病人当时年纪比较大，也比较消瘦，在没有办法的情况下，他过来找我们看，我们看了以后，经大家讨论后决定用针麻来把他的脾脏切除。这个为什么不容易切除呢？因为脾脏周围广泛粘连，手术是很困难的。我们在针麻下连续花了大概12个小时才把这个脾脏整个切下来了。

【解说】

20世纪70年代，唐天驷还和董天华一起完成了江苏省首例断腕再植手术。当时苏州玻璃厂的青年工人陈正先在工作中右手不慎被轧断，唐天驷与董天华等成功地为其接上了断手。

【同期声】

当时断手再植的理念是这样的，因为要保持手的血液供应，否则会造成坏死，所以应尽可能地把动脉先接上，动脉接上以后，其他静脉都没有接，肌腱骨头都没接，那么创面的渗血会很多。在接下来的一个阶段，要接骨头，接肌腱，接静脉，接神经，这要花很长时间，才能使得动静脉、肌腱接通。当时我大概整整有36个小时没有合眼（手术加上术后度过危险期）。

【解说】

脊柱，是支撑人类上体骨骼框架的"主心骨"，是人体躯干的栋梁。汉字中的"脊"字是一个象形字，指示的就是脊柱骨和肋骨排列的样子。脊柱骨折或合并截瘫的治疗至今还是世界性难题。唐天驷教授在国内最先开展了"三维可调短节段经椎弓根内固定"治疗胸腰椎骨折或合并截瘫的系列研究，取得了满意的临床效果。

【同期声】

前面是椎间盘，中间能看到的这个金属的塑条就是脊髓。脊髓从脑部下来，一个总的脊髓中枢神经，如果这个坏了，那么人就瘫掉了。旁边还有神经出来，椎间孔里面都有神经出来，前面是大血管、腹主动脉、腔静脉，上面是胸主动脉，所以脊柱前面是大血管，边上是神经根，椎管里头是脊髓，这些都是非常重要的解剖结构。

【解说】

20世纪80年代初，只有瑞士、法国等少数国家开展了椎弓根内固定的尝试。与此同时，随着国内的工农业、建筑业和交通业的发展，各种安全事故也多了起来，这直接导致脊柱外伤的增加。1984年，唐天驷在仅获得一本瑞士医生Walter Dick的德文专著的情况下，带领团队率先对国人脊柱胸腰椎做了详细的解剖学基础研究和生物力学测试研究，设计了操作简便、固定可靠的新型短节段椎弓根内固定系统，使我国脊柱外科内固定迈入了一个崭新的时期，他因而成为我国脊柱外科内固定的开拓者和学术带头人之一。

【同期声】

一般来讲，我们先打个洞，用探针再进去3厘米，接下来呢我就用这个探头再探一探，周围都是骨芯的，以后我们再用这个螺钉，把它先丝攻一下，最后再把这个螺钉打进去。这个螺钉是通过三柱，即后柱、中柱、前柱，假如这样棒一连接，是非常坚强的一个固定。那么两边都一样，有时候棒与棒之间还可以连接一个横档，这个整体是一个三维固定。

【解说】

1989年唐天驷以第一作者的身份在《中华外科杂志》上发表了《胸腰椎骨折患者的椎弓根短节段脊柱内固定器治疗》。20世纪90年代后期，他又将椎弓根技术成功应用于颈椎，随后又创造性地将椎弓根螺钉技术与椎板钩巧妙结合，治疗腰椎滑脱症和腰椎峡部裂等病症，均为国内首创。迄今为止，他做过的椎弓根内固定手术已经难以统计数量，这项技术早已在全国普及，不仅减轻了患者的身心痛苦，还产生了巨大的社会效益。

2003年"脊柱后路经椎弓根内固定的基础和临床研究"获江苏省科技进步一等奖，2004年又获国家科技进步二等奖，这是江苏省医学界第一次获得这么高的国家级奖项。唐天驷本人也在2006年获得江苏省医学突出贡献奖。

【同期声】

采访北京协和医院邱贵兴院士

应该说唐天驷教授很早就开始做椎弓根螺钉了，其实椎弓钉的技术虽然始于国外，美国1986年就开始做椎弓钉，但是FDA没有批，他们获批的时间比我们做得还晚，而我们在椎弓根方面做得比他们还多。椎弓钉有风险，就是你打不好，可能要损伤脊髓，引起瘫痪。在脊柱侧弯和引进三维矫形方面，唐天驷教授的团队起了很大作用，所以他们的科研成果得到了国家科技进步二等奖，这说明大家对他们的认可。

【解说】

在申报国家奖的过程中，唐天驷教授高风亮节、淡泊名利，从大局上考虑医院骨科的可持续发展，主动放弃了成果第一完成人的排名，得到课题组所有参与者的敬仰和医界同仁们的敬重。他与学生杨惠林以及其他合作者们共同开展了"接力研究"，不断消化吸收再创新，将苏大附一院骨科打造成了"国家重点学科"和"国家临床重点专科"。2017年，以杨惠林教授为第一完成人的"骨质疏松性椎体骨折微创治疗体系的建立"又获得了国家科技进步二等奖。

【同期声】

采访杨惠林教授

俗话说，一日为师，终身为父。我的老师唐天驷教授确实是这样的，他德艺双馨，不仅在技术上，而且在为人上，在怎么样做一个好医生方面给了我们受用一生的指导。在技术上，他教导我们不仅要把现有的技术学好，掌握好，学到极致，而且还要把现在没有办法解决的问题拿来研究并创新，要善于发现问题，分析问题，解决问题。

【解说】

虽然历任中华医学会骨科学分会副主委、脊柱学组组长、中国脊柱脊髓损伤专业委员副主委、《中华骨科杂志》副主编、世界创伤骨科学会委员等学术职务，但作为一名医生，唐天驷最大的快乐还是工作，为病人解除痛苦。尽管年事已高，骨外科的工作繁重而琐碎，但他仍然坚持亲自指导学生和年轻医生，不是查房、手术，就是带学生、上门诊。另外他还常常奔走在全国各地出席学术会议。在各种学术场合，他不仅讲授专业技术，更注重传授医德医风。

【同期声】

门诊病例最重要的是七项标准，包括就诊时间、病人的主诉、病史、体格检查、影像学的改变和诊断，还有治疗的意见，最后再签一个字。这几个项目都不应该缺，但是现在很多年轻医生就是很懒，经常写成"同上"。有个医生每次都写"同上"，最后我一看，发现是一个肿瘤。因为他老是写"同上"，没有好好检查病人，结果就漏诊了。所以我们一直讲医学的敌人不是死亡，是误诊。

【同期声】

医学是一个以人为本的学科。先辈将医学定位为"仁术"，"仁"者人也，"仁心"爱人之心也，仁者寿也。做一个医生要有仁爱之心，替他人着想，帮助他人，时刻想着病人"以生命相托"。

唐天驷年谱

1932年9月6日
  出生于上海
1938—1944年
  上海爱华小学求学
1944—1947年
  上海国强中学初中求学
1947—1950年
  上海民立中学高中求学
1950—1955年
  南通学院医科（南通医学院）医学系本科求学
1955—1957年
  哈尔滨医科大学外科教研组住院医师、助教
1956年
  获评哈尔滨医科大学第一附属医院先进工作者
1957—1958年
  苏州医学院外总教研组住院医师、助教
1957年
  与大学同学唐莹结婚
1958—1959年
  上海胸科医院肺功能实验室进修

1958年
  女儿唐维维出生
1959—1960年
  苏州医学院附属第一医院住院医师、助教
1960年
  儿子唐迪出生
1960—1961年
  天津医科大学骨科进修班（第七届）进修
1961年
  苏州医学院附属第一医院主治医师、讲师
1966—1976年
  在苏州和苏北地区"开门办学""除害灭病""巡回医疗"，为工农兵大学生授课，同时还要完成苏医附院的工作
1978—1980年
  获评苏州医学院附属第一医院先进工作者
1979年
  苏州医学院附属第一医院骨科副主任
1981年
  《经皮脊椎体的针吸活组织检查（操作方法和40例结果）》获江苏省医学会优秀学术论文
1982年
  加入中华医学会骨科学分会成为会员
  获评苏州市优秀工作者
  获核工业部部级科技进步三等奖（骨筋膜室综合征临界值的实验研究）
1983年
  获评苏州医学院附属第一医院先进工作者
  发表论文：唐天驷，许立，洪天禄，董天华等. 经皮椎体针吸活组织检查. 中华外科杂志, 1983, 21(1)：24-26.
1984年
  苏州医学院附属第一医院外科副主任、骨科主任

1986年
　　聘任为教授

1987年
　　聘任为主任医师

1988年
　　任苏州医学院外科学教授、主任医师、外科教研室主任、骨科主任、创伤骨科实验室主任

1989年
　　发表论文：唐天驷. 胸腰椎骨折患者的椎弓根短节段脊柱内固定器治疗. 中华外科杂志, 1989, 27(3): 272-276.

1990年
　　担任中华医学会骨科学分会脊柱外科学组第三届组长（1994年任第四届组长，后任第五到第八届顾问）
　　担任中国民主同盟苏州医学院委员会主委
　　国务院学位评定委员会第四批批准博士生指导教师
　　任国际创伤骨科学会（SOCIETE）会员
　　参加第十届香港骨科学会年会
　　赴加拿大出席国际矫形及创伤外科学会（SICOT）年会
　　获核工业部科技进步三等奖［椎弓根短节段脊柱内固定器（SSPF）的研究与临床应用］

1992年起
　　享受国务院特殊津贴

1993年
　　赴韩国出席国际矫形与创伤外科学会（SICOT）第十九届年会，发表大会论文：Research on the Spinal Column Specimens of Chinese Cadavers and Anterior Decompression of Traumatic Thoracolumbar Fractures（中国人脊柱样本和胸腰椎骨折的前路减压术研究）
　　赴台湾参加骨科学术大会暨世界华裔骨科学术会
　　苏州市第十、十一届人民代表大会代表（1993年起）

1994年

在国内首先开展颈椎椎弓根内固定技术的研究

担任《中国脊柱脊髓杂志》副主编（第二届）（1997—2001年担任第三届副主编；2001—2005年担任第四届副主编；2005—2009年担任第五届名誉主编；2009—2017年，担任第六届、第七届顾问）

1995年

被评为江苏省普通高等学校优秀学科带头人（江苏省教委）

担任《中华外科杂志》编委（从1991年起担任审稿人）

1996年

担任中华医学会骨科学分会副主任委员（第五届，1996—1999年；第六届，2000—2003年，任常务委员；2007年起任专家成员）

被评为江苏省优秀研究生教师（江苏省教委、省学位委员会）

赴荷兰阿姆斯特丹参加国际矫形与创伤外科学会（SICOT）年会

担任《中华骨科杂志》第五届编辑委员会常务编委（2001年担任第六届常务编委、副总编辑；2005年担任第七届常务编委）

1997年

担任苏州市民盟医学卫生工作委员会主委

担任苏州医学院附属第一医院大外科主任、外科教研室主任（1997—2003年）

参加台湾骨科年会暨SICOT年会

1998年

被评为苏州医学院附属第一医院十佳医师、"白求恩杯"先进个人

担任《中华创伤杂志》（英文版）第一届编委

参加美国风湿病会议

1999年

获评"苏州市名医"（苏州市人民政府）

申报并获批苏州医学院附属第一医院"外科博士后流动站"

担任《江苏医药》编委

赴澳大利亚悉尼参加SICOT年会

赴旧金山参加美国骨科年会（AAOS）、美国感染疾病会议

发表论文：唐天驷，胡有谷，党耕町. 我国脊柱外科五十年的发展. 中华外科杂志，1999，37（9）：550-553.

2000年

担任中华医学会江苏分会第七届理事

担任江苏省医学会骨科学分会主任委员（2000—2003年）（2003—2012年任第五至第八届名誉主任委员）

担任《国外医学·骨科分册》编委

与胡有谷教授、党耕町教授联合主译《脊柱外科学》（第二版），由人民卫生出版社出版

2001年

担任苏州大学民盟名誉主委

担任苏州大学学位评定委员会委员

被评为江苏省医学重点学科带头人（江苏省卫生厅）

赴广州出席第一届中国微创脊柱外科手术会议（The 1st Congress of Chinese minimally invasive spine surgery）

2002年

担任《中华临床医药杂志》编委

担任《中华创伤骨科杂志》顾问

发表述评：唐天驷，俞杭平. 务实、创新，努力提高我国脊柱外科的诊疗水平. 中华骨科杂志，2002，22（1）：5-6.

中华医学会医疗事故技术鉴定专家库成员（2002—2006年，2006—2010年）

江苏省医学会医疗事故技术鉴定专家库专家成员（2002—2006年）

2003年

受聘为苏州大学附属第一医院资深专家

获江苏省科技进步一等奖（脊柱后路经椎弓根内固定的基础和临床研究）

赴北京参加第四十二届国际脊髓学会学术年会，获感谢状

《中华实用医药杂志》常务编委

2004年

获2004年度国家科学技术进步二等奖（脊柱后路经椎弓根内固定的基础和临床研究）

与杨惠林、陈亮等合作,发表论文:单球囊双侧扩张椎体后凸成形术的探讨. 中华骨科杂志,2004,24(11):657-659.

任《中国骨科》副主编

2005年

被评为苏州市卫生行风先进个人(苏州市卫生局)

获江苏省卫生厅新技术引进一等奖(经颈椎椎弓根内固定技术在枕颈融合中的应用)

在中华医学会骨科学分会脊柱外科学组成立20周年庆典上,作为历任组长之一,被授予"对中国脊柱外科发展所做出的贡献奖"

被评为国家科学技术奖评审专家

爱妻唐莹不幸去世

任《中华创伤骨科杂志》顾问

2006年

任江苏省骨外科临床医学中心主任

获首届江苏省医学杰出贡献奖(全省共2人)

出席第一届国际COA学术大会,获感谢状

2007年

出席第二届国际COA学术大会,荣获首批"骨科学专家会员"荣誉证书

获中国脊髓损伤康复事业贡献奖(国际脊髓学会中国脊髓损伤学会)

获江苏省卫生厅新技术引进一等奖(椎体后凸成形术治疗周壁破损的骨质疏松椎体骨折)

参加中华医学会第九届骨科学术会议暨第二届国际COA学术大会,获感谢状

2008年

被评为中国民主同盟抗震救灾先进个人(中国民主同盟中央委员会)

主编《脊柱外科手术图谱》,由人民军医出版社出版

参编《黄家驷外科学》(第七版),由人民卫生出版社出版

被评为民盟苏州市委员会先进个人(2003—2008年)

苏州市卫生系统"纪念改革开放30周年30件大事"获奖庆功

2009年

被评为全省卫生行业"百名医德医风标兵"(江苏省卫生厅)

被评为全市卫生行业"十佳医德医风楷模"(苏州市卫生局)

在第九届全国脊柱脊髓学术会议上讲学

获《中国脊柱脊髓杂志》创建与发展突出贡献奖(中国康复医学会)

获2009年度教育部科学技术进步一等奖、中华医学会科技奖三等奖(经皮椎体后凸成形关键技术的建立及临床应用)

获江苏省科技进步三等奖(腰椎崩裂性滑脱症的基础和临床研究)

获江苏省医学会"终身成就奖"

2010年

和杨惠林等在国际期刊 *Orthopedics* 上发表论文:Balloon Kyphoplasty in the treatment of osteoporotic vertebral compression fracture nonunion (球囊技术治疗骨质疏松性椎体压缩性骨折不连)

担任《中国脊柱脊髓杂志》第六届编辑委员会常务编委

发表论文:唐天驷.如何正确合理规范地使用脊柱外科新技术.中华创伤骨科杂志,2010,12(2):103-104.

2011年

获江苏省科教学卫工程奖励证书(江苏省优秀学科带头人)

被评为"纪念中国民主同盟成立七十周年"先进个人(民盟苏州市委)

获教育部科技进步奖二等奖(基于磁共振影像的腰椎间盘退行性疾病诊断新技术和治疗新材料)

发表英文论文:Li X F, Jiang W M, Yang H L, Tang T S, Gong X H, Yuan J, Wang G L. Surgical treatment of chronic c1-c2 dislocation with absence of odontoid process using c1 hooks with c2 pedicle screws: a case report and review of literature. *Spine*, 2011, 36(18), 1245-1249.

发表论文:王根林,杨惠林,孟斌,陈康武,干旻峰,邹俊,唐天驷.椎体后凸成形术治疗骨质疏松性Kümmell's病.中国脊柱脊髓杂志,2011,21(01):46-49.

发表论文:朱若夫,杨惠林,李继刚,胡春洪,王根林,唐天驷.多层螺旋CT三维重建国人下颈椎椎弓根的临床解剖学意义.中国组织工程研究与临床康复,2011,15(30):5582-5586.

2012年

出席江苏省医学会骨科学分会中国长江医学论坛,获感谢状

出席国际华人脊柱学会成立大会暨首届学术研讨会,主持"骨科论坛",作"胸腰段骨折的诊治研究进展"讲座,获感谢状

担任国际华人脊柱学会顾问(9月,聘期3年)

获江苏医学科技奖二等奖("腰椎后路及改良后路椎体间融合的基础与临床研究",12月,江苏医学会)

担任海峡两岸医药卫生交流协会骨科专家委员会名誉委员(2012年9月—2015年9月)

发表英文论文:Zhang Q, Huang C, Meng B, Tang T S, Shi Q & Yang H L. Acute effect of ghrelin on ischemia/reperfusion injury in the rat spinal cord. *International Journal of Molecular Sciences*, 2012, 13(8), 9864-9876.

发表论文:杨惠林,王根林,姜为民,陈康武,干旻峰,唐天驷.分次灌注骨水泥技术治疗Kümmell病[J].脊柱外科杂志,2012,10(01):22-24.

2013年

任苏州大学临床医学教育督学(聘期3年)

获"杰出贡献奖"(中国共产党苏大附一院委员会 苏州大学附属第一医院)

担任《脊柱外科杂志》第四届编委会顾问

担任《中国脊柱脊髓杂志》第七届编辑委员(2013年11月—2017年11月,中国康复医学会)

担任江苏省医学会第八届骨科学分会名誉主任委员(2013年1月—2016年1月)

担任江苏省医师协会第二届骨科学分会名誉主任委员(任期3年)

获2013年度苏州市技术发明奖("微创内固定新技术在胫骨远端骨折中的研究与临床应用",苏州市人民政府)

获江苏省科技进步奖一等奖(微创椎体后凸成形关键技术的建立及临床应用)

发表英文论文:Yuan F, Yang H L, Guo K J, Li J S, Xu K, Zhang Z M, & Tang T S. A clinical morphologic study of the c2 pedicle and isthmus. *European Spine Journal*, 2013, 22(1), 39-45.

发表论文：许运，陈亮，史勇，顾勇，邹俊，唐天驷.SOX9基因修饰骨髓间充质干细胞并诱导其向髓核样细胞分化的实验研究. 重庆医学，2013，42（01）：8-12.

2014年

发表论文：郭炯炯，杨惠林，朱雪松，陈亮，姜为民，唐天驷等. 中国南方人群腰椎间盘退变的影像学和流行病学研究. 中华骨科杂志，2014(5):546-552.

发表英文论文：Gu Y, Chen L, Dong R B, Feng Y, Yang H L, Tang T S. Laminoplasty versus conservative treatment for acute cervical spinal cord injury caused by ossification of the posterior longitudinal ligament after minor trauma. *Spine Journal*, 2014, 14（2），344-352.

发表论文：许运，金耀，史勇，姜为民，唐天驷. 含骨形态发生蛋白-2骨修复材料在颈椎前路减压植骨融合中的应用. 中国组织工程研究，2014，18（43）：6889-6895.

担任江苏省康复医学会顾问（脊柱脊髓损伤专业委员会，任期四年）

获第九届COA国际学术大会感谢状

担任《中国矫形外科杂志》第五届编委会顾问

2015年

获第十届COA国际学术大会感谢状

发表英文论文：Feng Y, Chen L, Gu Y, Zhang Z M, Yang H L, & Tang T S. Restoration of the spinopelvic sagittal balance in isthmic spondylolisthesis: posterior lumbar interbody fusion may be better than posterolateral fusion. *Spine Journal*, 2015, 15（7），1527-1535.

发表论文：申才良，宋育林，唐天驷，杨惠林.冷冻、冻干、辐照对骨诱导活性的影响. 中国矫形外科杂志，2015，23（24）：2261-2264.

2016年

《中华外科杂志》推出创刊65周年唐天驷教授纪念文集（1月）

担任第二届SICOT中国部年会顾问

参加中日脊柱外科新技术研讨会（12月，广州）

获全国脊柱外科学术大会感谢状（9月，西安）

担任苏州市医学会创伤医学专业委员会名誉主任委员（任期五年）

向天津医院骨科博物馆捐赠椎弓根内固定植入物实物

担任白求恩公益基金会顾问

获华夏医学科技一等奖（微创椎体后凸成形术关键技术及临床应用CPAM）

获第十一届COA国际学术大会感谢状

发表英文论文：Shen C L, Liu B, Tang T S, Yang H L. Effects from deep-freezing, freeze-drying or radiation on mechanical properties of cortical bone for spinal fusion. *Journal of Medical Biomechanics*, 2016, 31(1), 61-66.

发表论文：崔巍, 简争光, 唐天驷.中西医结合治疗桡骨远端骨折的疗效观察. 医学理论与实践, 2016, 29(22): 3085-3087.

2017年

担任《脊柱外科杂志》第五届编委会顾问（2017—2020年）

获第十二届COA国际学术大会感谢状

任民盟苏州市第十三届委员会医务专家委员会主任

担任第二十九届全国脊柱脊髓学术会议顾问

获中国医药教育协会骨科专业委员会脊柱分会第二届学术年会感谢状（上海举办）

担任中华医学会骨科学分会微创学组顾问

再次获国家科技进步二等奖（骨质疏松性椎体骨折微创治疗体系的建立及应用）

2018年

担任江苏省医疗事故技术鉴定委员会专家

成立苏州市名医工作室

获第一届中国医师节卓越医师奖（苏大附一院）

获"博习名师"教学奖（苏大医学部第一临床医学院）

担任中国医疗保健国际交流促进会骨科分会——骨科护理学组顾问（聘期三年）

担任江苏省白求恩骨科ERAS联盟名誉主席（白求恩公益基金会）

担任第十届中国国际腰椎外科学术会议顾问

参考文献（部分）

著作

唐天驷，杨惠林，邱勇，等.脊柱外科手术图谱[M].北京：人民军医出版社，2008.

杨惠林，倪才方，邹德威，等.椎体成形术[M].北京：人民军医出版社，2009.

期刊文章

唐天驷，何应龙，魏广贤.新生儿胎粪性肠梗阻（文献综述及2例报告）[J].哈尔滨医科大学学报，1956（2）：101-107.

唐天驷，许立，洪天禄，等.经皮椎体针吸活组织检查[J].中华外科杂志，1983，21（1）：24-26.

唐天驷，邱勇，朱国良，等.胸腰椎骨折患者的椎弓根短节段脊柱内固定器治疗[J].中华外科杂志，1989，27（3）：272-276.

唐天驷，杨惠林，倪才方，等.112例椎弓根螺钉位置分析[J].中华外科杂志，1993，31（7）：411-413.

唐天驷.我国脊柱外科的现状与展望[J].中华外科杂志，1995，33（3）：131-132.

唐天驷，胡有谷，党耕町.我国脊柱外科五十年的发展[J].中华外科杂志，1999，37（9）：550-553.

唐天驷.如何界定脊柱外科"过度治疗":一个争议的问题[J].中华创伤骨科杂志,2009(2):101-102.

未出版文献

苏州大学附属第一医院.唐天驷教授医学生涯六十余载暨八十华诞纪念册.苏州,2011.

苏州大学附属第一医院等.脊柱后路经椎弓根内固定的基础和临床研究(国家科技进步奖申报材料附件).苏州,2003.

唐天驷江苏省医学会"终身医学成就奖"申报材料.苏州,2009.

后 记

唐天驷教授的微信头像是一匹昂首以后蹄站立的骏马——老骥伏枥，志在千里，天赐天驷，书写传奇。能够参与编撰《唐天驷访谈录》是我们的荣幸，是一次向唐老师学习的机会，是一次感悟大医精诚的心灵之旅。从2017年6月到2018年4月，我们团队几乎每周都要和唐教授见面，在他出诊、手术、会议的间隙，倾听他讲从医、从教和科学研究的经历，向他请教各种问题，请他讲解相关案例、提供各种材料。唐教授极其渊博的知识、和蔼可亲的态度、一丝不苟的精神、助人为乐的风范，给我们留下了深刻的印象。

在这本访谈录即将完成之际，我们要感谢唐教授及唐教授的弟子、朋友、同事、家人；感谢东吴智库的大力支持；感谢丛书的主编田晓明教授，他远见卓识的站位、抓铁留痕的作风，确保了丛书顺利出版；感谢丛书的副主编马中红教授、陈霖教授和项目组成员，是大家的通力合作，才把本书从薄薄几页提纲变成了厚实的几百页。

同时，我们要特别感谢苏大附一院的领导和办公室、档案室、骨科的工作人员，他们为我们提供了各种工作便利和资料支持。特别是苏大附一院在唐教授八十华诞之际做的《唐天驷教授医学生涯六十余载暨八十华诞纪念册》为我们提供了很多线索和素材。

最后，我个人要特别感谢苏州大学传媒学院2015级新闻专业本科生翟华，她将大量的采访录音整理成文字稿,也做了不少初稿草拟和终稿校对的工作;要感谢学院2016级研究生禹慧、赵楠、王杉,她们三位接力拍摄记录了唐老师的采访素材,禹慧完成了纪录片的初剪工作。

因为笔者能力有限,访谈时间有限,篇幅亦有限,我们虽已尽全力呈现唐教授的学术成就与精神世界,但和他丰富的人生经历相比,肯定还有不到位甚至不恰当之处,恳请读者谅解与指正。

陈 一

2018年4月

主编　田晓明

田晓明,生于如皋,旅居苏州,心理学教授,先后供职苏州大学、苏州科技大学,现任苏州科技大学党委副书记、副校长。

副主编　马中红

马中红,江苏苏州人,苏州大学传播学教授,从事媒介文化、品牌传播研究。

副主编　陈　霖

陈霖,安徽宣城人,苏州大学新闻学教授,从事媒介文化与文学批评研究。

图书在版编目(CIP)数据

唐天驷访谈录 / 陈一著. —苏州：苏州大学出版社,2020.1
(东吴名家 / 田晓明主编. 名医系列)
ISBN 978-7-5672-2552-7

Ⅰ.①唐… Ⅱ.①陈… Ⅲ.①唐天驷—访问记 Ⅳ.①K826.2

中国版本图书馆 CIP 数据核字(2018)第 189209 号

书　　名	唐天驷访谈录
著　　者	陈　一
责任编辑	肖　荣
出版发行	苏州大学出版社(Soochow University Press)
社　　址	苏州市十梓街1号　邮编：215006
印　　刷	苏州市深广印刷有限公司
网　　址	www.sudapress.com
邮购热线	0512-67480030
销售热线	0512-67481020
开　　本	787 mm×1 092 mm　1/16
印　　张	14.5
字　　数	257 千
版　　次	2020 年 1 月第 1 版
印　　次	2020 年 1 月第 1 次印刷
书　　号	ISBN 978-7-5672-2552-7
定　　价	85.00 元

若有印装错误，本社负责调换。服务热线：0512-67481020